国家出版基金项目
NATIONAL PUBLICATION FOUNDATION

中国竹器

ZHONGGUO ZHUQI ZHUQI PINLEI

竹器品类

第三卷

张小开 孙媛媛 傅宝姬 张福昌 著

合肥工業大學出版社
HEFEI UNIVERSITY OF TECHNOLOGY PRESS

内容简介

本书为“中国竹器”丛书第三卷。本书分别从生活竹器（日用竹器、竹篮、竹灯具、竹家具）、生产竹器、交通竹器、文房竹器、竹制乐器、竹制工艺品、竹制室内产品与竹制建筑、竹制景观与户外产品等不同方面对丰富多彩的中国竹器进行介绍和说明。本书所选竹器均以仍在使用的竹器为主（现代不使用的竹器在“中国竹器”丛书第一卷中已经阐述）。本书所介绍的竹器共有350余种，使用的图片有1000余张。本书在介绍竹器时，对同类竹器一般按功能、造型、大小等不同内容分别进行展示；对同一竹器有时从不同角度进行展示。

图书在版编目（CIP）数据

中国竹器. 第三卷, 竹器品类 / 张小开等著. —合肥 : 合肥工业大学出版社, 2019.4
ISBN 978-7-5650-4468-7

Ⅰ. ①中… Ⅱ. ①张… Ⅲ. ①竹制品－介绍－中国Ⅳ. ①F768.5

中国版本图书馆CIP数据核字(2019)第066763号

中国竹器·竹器品类

项目负责人：钟小要
策　　划：汤礼广
责任编辑：马成勋　汤礼广
责任印制：郑　洁　樊珊珊
出　　版：合肥工业大学出版社
地　　址：合肥市屯溪路193号
邮　　编：230009
网　　址：www.hfutpress.com.cn
发　　行：全国新华书店
印　　刷：安徽联众印刷有限公司
开　　本：889mm × 1194mm　1/16
印　　张：27.25
字　　数：290千字
版　　次：2019年4月第1版
印　　次：2019年5月第1次印刷
标准书号：ISBN 978-7-5650-4468-7
定　　价：150.00元
市场营销部：0551-62903198

序　言

古往今来，每一个伟大民族都有自己博大精深的文化，每一个国家都把文化作为推动社会发展进步的重要力量之一。中华民族是一个勤劳和富有智慧的优秀民族，其所孕育出的灿烂文化，经历了五千年的文明发展，如今愈加光彩夺目。中华文化是中华民族伟大复兴取之不尽、用之不竭的力量源泉，是国家核心竞争力的重要因素。历史告诉我们，对我国传统文化资源的挖掘、整理、保护、继承和开发是繁荣我国文化的重要途径，是构建新时代国家新文化体系的重要保障，是推动我国建立高度文化自信的前提，更是新时代全体中国人肩负的重要历史使命。

在我国丰厚的文化遗产中，竹器及竹文化是我国传统文化的重要代表之一。英国著名科学史学家李约瑟（Joseph Needham）在其巨著《中国科学技术史》中指出，东亚文明为“竹子文明”，中国为“竹子文明”的国度。这体现了中国竹文化在世界文化史上的独特形象和重要影响。

国际竹藤组织（International Bamboo and Rattan Organisation，简称 INBAR）的文章《世界竹类资源概况》指出：全球的竹产业已发展成为一个与约 25 亿人的生产、生活密切相关且年产值近 50 亿美元的产业。全球竹子约有 150 属、1225 种。目前全世界竹林面积已达 2200 万公顷，占森林面积的 1% 左右。尽管全球森林面积急剧下降，但竹林面积却以每年 3% 的速度递增，年竹材产量 1500 万～ 2000 万吨。世界竹子分布区可分为亚太竹区、美洲竹区和非洲竹区三大竹区。其中，亚太竹区是世界竹子的分布中心，竹林面积占世界竹林面积的 45% ，竹种资源占世界竹种资源总数的 80%。

竹产业是一个历史悠久和全球公认的绿色产业，拥有巨大的经济价值、生态价值和文化价值。在当今全球气候变暖、木材资源短缺的背景下，研究我国竹产业和竹文化对传承传统文化、减轻环境问题和资源短缺问题带来的压力以及解决竹产区的就业问题、消除贫困、振兴地域经济具有重要的学术价值和现实意义。

我国是世界上竹类资源最丰富的国家，现有竹类植物 500 多种，竹林面积达 720 万公顷。竹产业涉及建筑、建材、家居等多个领域，竹产品形成 100 多个系列，数千个品种；竹产业与花卉业、森林旅游业、森林食品业一起，成为中国林业发展中的四大朝阳产业。据不完全统计，中国竹产业产值 1981 年仅有 3.49 亿元，但到 2015 年竹产业产值就达 1923 亿元，每年以 20% 的速度增长。我国竹产业不仅成为我国经济新的增长点，而且带动了世界各地竹产区竹产业的发展。

我国是竹材利用历史最悠久、应用领域最广泛的国家。考古资料证明，我国先民在新石器时代初期就已开始用竹材制造竹器。目前我国发现较早的竹器实物有距今 6800 ～ 7800 年的湖南洪江高庙遗址出土的竹篾垫子，距今 6000 ～ 7000 年的浙江田螺山遗址出土的竹编器物以及距今 4700 ～ 5200 年的浙江钱山漾遗址出土的 200 余件各式竹筐、竹篓、竹簸箕，等等，显示了我国古代先民很早就掌握了竹器的制作和使用技术。商周时代的铜矿竹器和竹乐器、汉代马王堆墓的漆绘龙纹勺、魏晋南北朝时期典籍记载的竹器、唐代的竹椅与尺八、宋代斗茶专用的竹茶具、明代的嘉定竹刻、清代的江浙竹篮等，显示了我国竹器及其文化不断繁荣和发展的历史，并由此证明我国是名副其实的“竹子文明”的国度。

中国竹器在跨越七千年的历史发展过程中，不但产生了很多竹器类型和品种，而且形成了我国特有的竹文化内涵。例如，《诗经 · 卫风 · 淇奥》开创了“以竹比德”的先河；至魏晋时期，书法家王徽之对竹感叹“何可一日无此君”；唐代以李白为代表的“竹溪六逸”高风绝尘；宋代苏轼有“宁可食无肉，不可居无竹。无肉令人瘦，无竹令人俗”的诗句；明代有松竹梅“岁寒三友”和梅兰竹菊“四君子”；清代郑板桥喜欢画“胸中之竹”；等等。竹器在传承和发展过程中，竹文化的内涵不断升华，竹子成为中华民族追求崇高人格品质和民族气节的象征。这从文化和精神层面上再次证明了中国是“竹子文明”的国度。

这套“中国竹器”丛书分为《中国竹器 · 竹器历史》《中国竹器 · 竹器设计》《中国竹器 · 竹器品类》和《中国竹器 · 地域竹器》四卷，分别从中国竹器的历史发展、造物与设计规律、品种类别、地域分布与特点等不同维度全面归纳整理和分析阐述中国竹器的物质与非物质文化特征，较为系统地总结中国七千年竹器发展的历史，探讨传统竹器的造物思想与设计规律，阐述现代竹产业的设计思想、发展方向、转型途径与方式等。“中国竹器”丛书四卷相对独立，又互为整体。

“中国竹器”丛书的研究定位就是挖掘、归纳、整理中国竹器造物及竹文化的系统资源，努力探索和搭建中国竹器造物及竹文化的理论框架体系，传承、丰富和繁荣中华民族传统竹文化，同时为推动我国竹产业高质量和可持续发展提供有益的历史经验。

“中国竹器”丛书始于 2004 年张小开博士《多重设计范式下竹类产品系统的设计规律研究》的论文选题。“中国竹器”丛书作者之一的张小开博士在毕业后不但没有中断论文选题的研究，而且不断扩大选题研究范围和领域，确立更高、更系统的研究方向和目标。他不仅刻苦地检索和查阅历史文献，同时还历尽千辛万苦深入全国各地竹产区进行实地考察、调研与走访，几乎走遍了中国所有的竹产区以及部分非竹产区，获取了大量有关中国竹器现状的第一手珍贵资料，并遴选典型的竹器品类和不同地域竹器，初步构建了中国竹器的品类体系，并总结了中国竹器的地域分布特征。在研究的过程中，他与参与本书写作的作者精诚合作、全力以赴，还得到近百个单位和个人为课题研究提供的无私帮助。经过前后近十五年的努力，数十人的共同协作，终于迎来了“中国竹器”丛书的出版。

“中国竹器”丛书的出版虽填补了国内外关于中国竹器研究的空白，但由于我国竹文化源远流长，博大精深，本丛书的研究只是从竹器造物的角度窥其一斑，书中涉及的竹器种类和数量也只是我国竹器中的沧海一粟，因此本书仍存在诸多不足之处：关于各个历史时期的竹器还缺乏翔实的考古出土实物资料给予有力佐证；关于现代竹产业在后工业文明时代的创新发展思路研究，所提供的我国竹产业转型升级与创新实践的案例还不够丰富；对竹产业中高科技产品的开发以及竹资源在新的领域的利用、创新设计还有待进一步探究；等等。当然，对这些问题的研究不可能一蹴而就，还需要进一步做细致、深入的工作。

“中国竹器”丛书不是对我国竹器与竹文化研究的终点，而是新的起点，希望这套丛书的出版，能够起抛砖引玉的作用，吸引更多的专家、学者及社会其他人士共同参与到竹器与竹文化研究和中国传统文化的保护与传承、振兴与创新发展研究之中。尽管我国竹产业的经济规模位于世界前列，但我们必须清醒地认识到我们对竹资源的开发利用还没有完全摆脱传统模式的束缚，竹产业基本上属于劳动密集型产业，生产效率低，易污染，产品质量不易控制，容易受到“技术壁垒”影响，等等，因此我国竹产业的转型升级和高质量发展任重道远。为使我国成为世界竹产业和竹文化的强国，为弘扬民族传统文化，振奋民族精神，希望“中国竹器”丛书的作者不忘初心，牢记使命，继往开来，再创辉煌。

江南大学设计学院教授、博士生导师
日本千叶大学名誉博士
張福昌 張福昌印
2019年3月18日

目　录

第 1 章
日用竹器

第 2 章
竹篮

第 3 章
竹灯具

第 4 章
竹家具

第 5 章
生产竹器

第 5 章 生产竹器

第 6 章 交通竹器

第 7 章 文房竹器

第 8 章 竹制乐器

第 9 章 竹制工艺品

第 9 章 竹制工艺品

第 10 章 竹制室内产品与竹制建筑

第 11 章 竹制景观与户外产品

第1章 日用竹器

竹器在生活、生产、文化、军事等领域中被广泛应用，其中在生活、生产中的应用时间最长，种类也最多。在传统的农耕时代，人们的衣食住行、生老病死都离不开竹器。到了现代，由于人们的生活方式有所变化，特别是城市的生活方式完全不同于传统的乡村生活方式，因此使用的竹器品类也开始减少。

日用竹器通常指日常生活中使用的各种竹器的总称，其中有日用品、灯具、家具、服饰用品、玩具、休闲用品等，它是人们生活中必不可少的用品。它们很常见，品种也是最丰富的。

按类别分，日用竹器分为日用传统竹器和现代日用竹器。传统日用竹器主要有竹筐类、竹篮类、竹杯类、竹席类、竹帘类、竹篓类、竹扇类、竹筒类、笠类等类型，其产品以竹编工艺为主，以竹竿类、竹片类制作工艺为辅。现代日用竹器主要有竹集成材类、竹板材类、竹片材类、竹帘类、竹席类、竹编类等类型，其产品以竹集成材和现代竹胶合板等为基础的板材类制作工艺为主，以竹竿类、竹编类制作工艺为辅。竹集成材是符合现代机械加工标准的原材料，现代竹器大部分以竹集成材为基础，经机械加工而成，如竹菜板、竹碗、竹盘、竹盆等。

每一类日用竹器根据不同的功能、造型、制造工艺等特点又可以细分成数个到十余个不同品种（见表 1-1）。如竹筐类竹器可分为圆竹筐、圆底框、圆筒筐、椭圆筐、方竹筐、扁竹筐、收纳筐、套筐、毛巾筐、擦鞋筐、酒坛筐等 11 个品种；竹篮类竹器可分为实用竹篮和工艺竹篮等。而实用竹篮又可分为菜篮、淘米篮、喜篮、果篮等篮形，工艺竹篮又可分为套篮、食篮、考篮等篮形。日用竹器是竹器品类中品种最为丰富的竹器类别。

表 1-1　日用竹器类别

序　号	类　别	包 含 种 类
1	竹筐类	圆竹筐、圆底框、圆筒筐、椭圆筐、方竹筐、扁竹筐、收纳筐、套筐、毛巾筐、擦鞋筐、酒坛筐等。
2	竹篮类	实用竹篮：菜篮、淘米篮、喜篮、果篮、气死猫、重组竹竹篮、礼品篮等。工艺竹篮：套篮、食篮、考篮（文房篮、账篮）、香篮、挈篮、鞋篮、花篮等。
3	竹盒类	收纳盒、鞋盒、针线盒、糖果盒、竹籫盒等。
4	杯罐类	水杯、刷牙杯、茶杯、竹盏、调料罐、厨房储物罐、存钱罐、刀架等。
5	竹席类	竹编席、竹条席、竹麻将席等。
6	竹垫类	竹编垫、竹片垫、竹块垫、竹板垫、竹笪等。

（续表）

序 号	类 别	包 含 种 类
7	竹篓类	背篓、发篓、鱼篓、蛐蛐篓、茶篓等。
8	竹笼类	筷笼、蒸笼、挂笼、家禽笼等。
9	竹扇类	折叠扇、 竹编团扇、竹片材扇、方扇、芭蕉扇等。
10	竹盘类	方竹盘、圆竹盘、高足盘、竹席盘、竹篷盘、水果盘等。
11	竹筒类	打酒桶、竹酒筒、水烟筒、竹饭筒、虾滑筒等。
12	竹板类	竹切菜板、盛菜板等。
13	竹罩类	菜罩、烘衣罩、捕鱼罩等。
14	笊篱类	竹漏勺（浅底、深底）、茶漏、饭捞等。
15	碗盆类	竹编碗、竹筒碗、竹集成材碗、烘火盆、脸盆、脚盆等。
16	服饰类	竹衣、竹编手提包、竹笄、竹簪、竹鞋、竹篦、竹制胡梳、竹纤维衣等。
17	竹帽类	竹编安全帽、竹编圆凉帽、斗笠（尖斗笠、圆斗笠）、竹篷帽、竹渔民帽、竹折叠遮阳帽等。
18	玩具类	动植物形象玩具、声响类玩具、竹球、竹蜻蜓、竹风筝、竹玩具装置等。
19	办公类	竹名片盒、竹制键盘、竹制鼠标、竹制计算器、竹制优盘、竹制保护套、竹杂志架等。
20	其他	竹枕、竹牙刷、竹刀叉、竹勺、竹枝晾衣架、竹杖、竹筷、水果签、竹枝扫帚、竹丝刷、竹编水瓶套、多功能手杖、竹棰、竹夹、竹茶壶等。

注：因竹篮、竹灯具等类别在日用竹器中相对独立，且它们形式十分丰富，自成体系，所以将另安排章节予以专门介绍，本章就不再对其进行具体说明了。

1.1 竹筐类

竹筐类竹器最大的特点是敞口，其深浅度决定了它的用途。在日常生活中，竹筐一般用于方便从中拿取物品的场合。

竹筐制作工艺的不同使竹筐类竹器表现不同的视觉感受。传统的竹筐基本上是以竹编为主，编织有疏有密。编织细密的竹筐适合盛装细小的生活物品，而编织稀疏的竹筐一般用于盛装较大的物品。不论是细密的竹筐还是稀疏的竹筐，盛装的物品均不宜太重。用现代工艺制作的竹筐多以竹席板或竹条为主体材料，这种竹筐方便加工，但尺寸不会太大，如毛巾筐、擦鞋筐、衣物筐等。较大的现代竹筐一般也是采用较稀疏的造型，但很少使用竹编工艺，因此较难工业化生产。

竹筐类竹器的造型相对自由，基准造型一般是筒状。常见的形状有圆形、方形、椭圆形等，多边形竹筐很少见。另外还有一种形式的竹筐很有特点，那就是套筐，即同一形式的竹筐从大到小依次套入，最多可达七八层。不同尺寸的套筐可以满足不同的需要。

竹器名称：收纳筐；
主要功能：收纳小物件；
产品尺寸：长 12 ~ 20cm 不等，
宽 8 ~ 15cm 不等；

拍摄地：安徽省六安市孔集镇；
拍摄者：张小开、孙媛媛；
拍摄时间：2016 年。

竹器名称：扁竹筐；
主要功能：盛装小物件等；
产品尺寸：口径 30cm，底径 20cm，高 10cm；

拍摄地：安徽省合肥市宿州路；
拍摄者：张小开、孙媛媛；
拍摄时间：2016 年。

竹器名称：圆竹筐；
主要功能：盛装农用物品、稻草等；
产品尺寸：直径 60cm，高 55cm；
拍摄地：安徽省六安市孔集镇；
拍摄者：张小开、孙媛媛；
拍摄时间：2016 年。

竹器名称：食筐；
主要功能：装面食等；
产品尺寸：直径 30cm，高 10cm；
拍摄地：安徽省合肥市；
拍摄：张小开、孙媛媛；
拍摄时间：2016 年。

竹器名称：杂物筐；
主要功能：盛装生活小物件等；
产品尺寸：直径 16cm，高 20cm；

拍摄地：安徽省合肥市；
拍摄者：张小开、孙媛媛；
拍摄时间：2016 年。

竹器名称：毛巾筐；
主要功能：放置用过的毛巾等物；
产品尺寸：长 35cm，宽 25cm，高 30cm；

拍摄地：湖南省怀化市；
拍摄者：张小开、孙媛媛；
拍摄时间：2016 年。

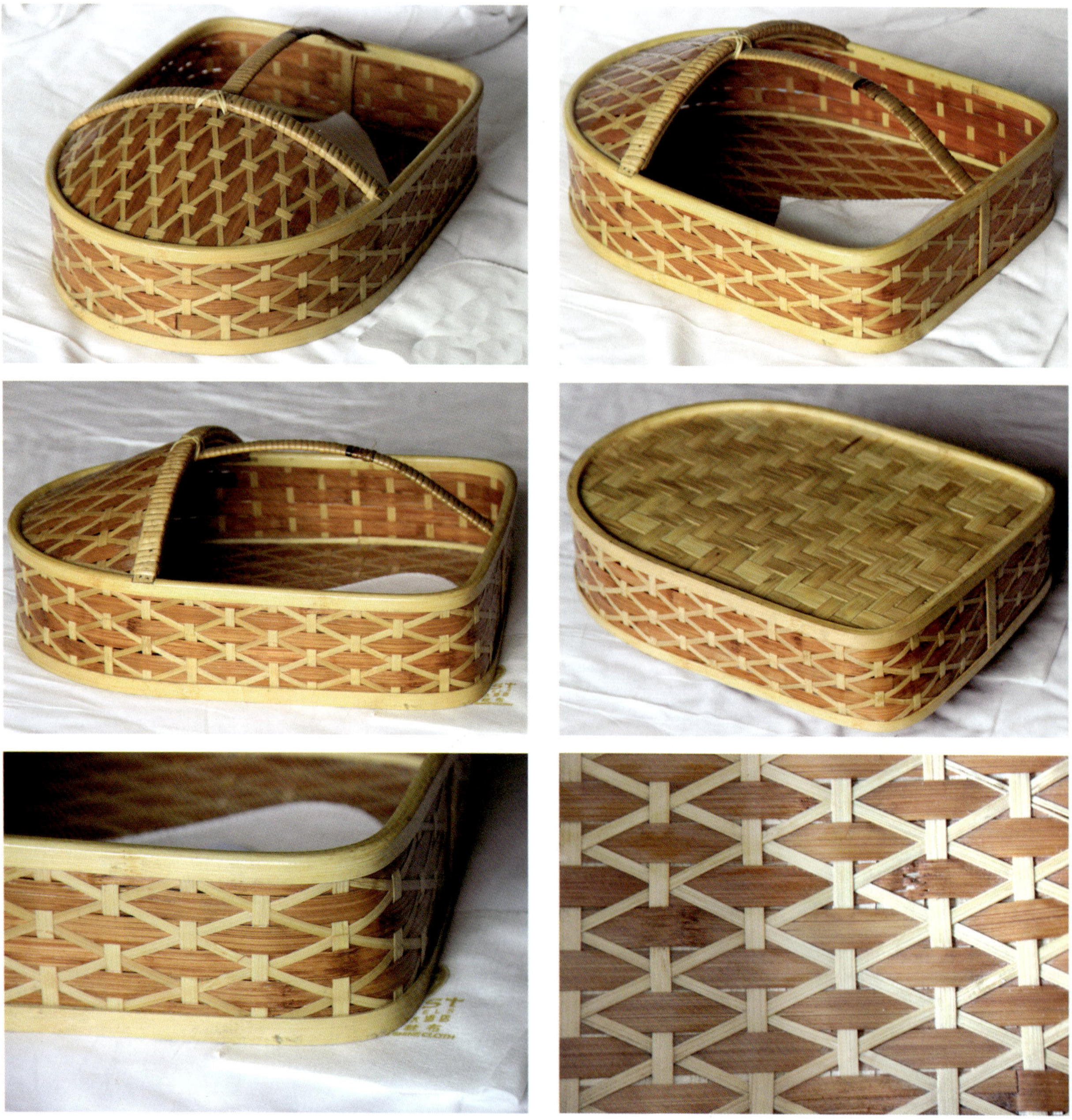

竹器名称：擦鞋筐；
主要功能：放置擦鞋布等用品；
产品尺寸：长 35cm，宽 25cm，高 12cm；

拍摄地：湖南省怀化市；
拍摄者：张小开、孙媛媛；
拍摄时间：2016 年。

竹器名称：圆竹筐（一）；
主要功能：盛装小物件等；
产品尺寸：直径 20 ~ 30cm 不等，高 10cm；
拍摄地：广西壮族自治区桂林市大圩古镇；
拍摄者：张小开、孙媛媛；
拍摄时间：2016 年。

竹器名称：圆竹筐（二）；
主要功能：盛装小物件等；
产品尺寸：直径 20 ~ 30cm 不等，高 10cm；

拍摄地：广西壮族自治区桂林市大圩古镇；
拍摄者：张小开、孙媛媛；
拍摄时间：2016 年。

竹器名称：竹筐十件套；
主要功能：收纳等；
产品尺寸：直径 11 ~ 32cm，高 4 ~ 12cm；

拍摄地：广西壮族自治区崇左市；
拍摄者：不详；
图片来源：https://zhuangxiangshoubian.taobao.com;
拍摄时间：2016 年。

竹器名称：方竹筐；
主要功能：晾晒等；
产品尺寸：50cm 见方，高 15cm；
拍摄地：广西壮族自治区桂林市龙胜各族自治县；
拍摄者：张小开、孙媛媛；
拍摄时间：2016 年。

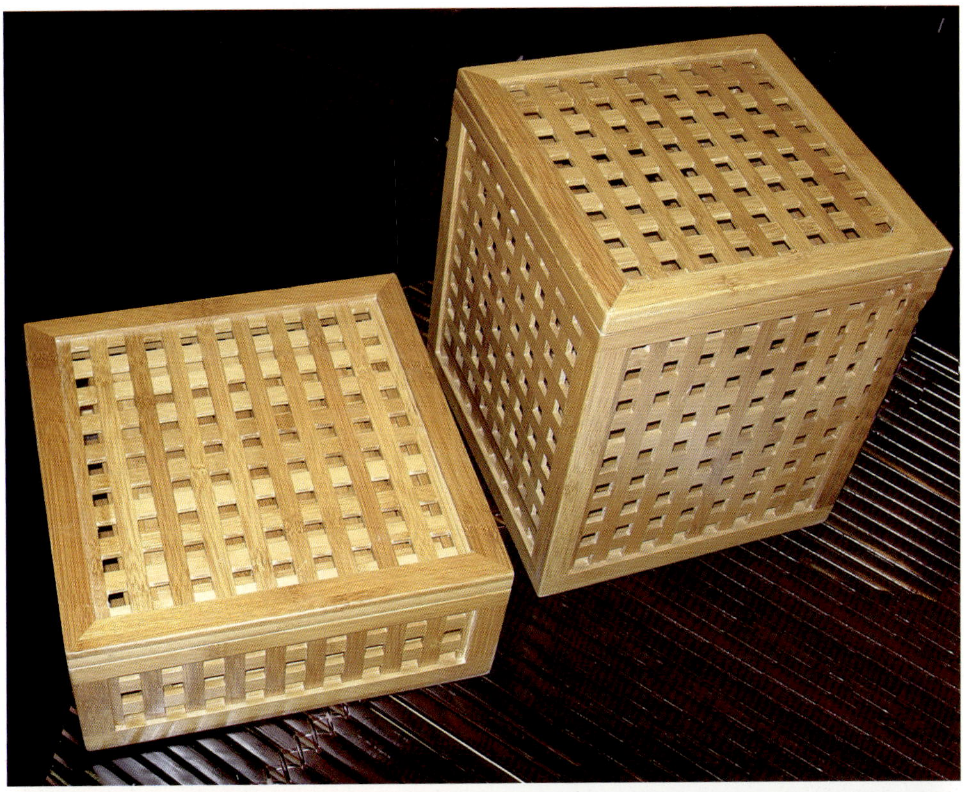

竹器名称：收纳筐套件；
主要功能：收纳、存储等；
产品尺寸：最大收纳筐 40cm 见方 ；

拍摄地：上海市竹博会；
拍摄者：张小开、蒋兰；
拍摄时间：2006 年。

竹器名称：酒坛筐；
主要功能：保护酒坛；
产品尺寸：大小不一；
拍摄地：浙江省绍兴市；
拍摄者：张小开、孙媛媛；
拍摄时间：2016 年。

竹器名称：竹筐；
主要功能：晾晒等；
产品尺寸：长边 40cm，短边 20cm，宽 45cm，高 15cm；
拍摄地：湖南省岳阳市；
拍摄者：张小开、孙媛媛；
拍摄时间：2016 年。

1.2 竹盒类

竹盒类竹器的最大特点是带盖，常见的有收纳盒、针线盒、糖果盒、鞋盒、竹箨盒等。鞋盒虽然称之盒，但大部分都是敞口的。在江浙一带鞋盒专指女红用的针线筐，这是特定的称谓。在竹箨盒中，有一种是采用现代加工技术将竹箨压制而成的，这一类竹盒造型别致，材料特殊，很有特色，但由于竹箨的耐久性不是很好，所以竹箨盒的使用时间一般不太长。

常见的竹盒用竹编和竹片制成，使用竹箨制成的竹盒比较特殊。竹盒的造型大多为圆形或椭圆形，方形的少见。用现代加工技术制作的这一类竹盒（竹板材、竹帘材料制作）同一般的木质盒在加工工艺上没有太大区别，以方形为主，目的是方便加工制作。

竹盒作为储物类的器具，具有材料自然、良好透气等优点，特别是传统的竹编盒，既能存储物品，又能保证一定的透气性，与木质盒相比，有很大的优越性。竹集成板材的材料特性与木材类似，以其为基础的竹板盒则没有传统竹盒这方面的优点。

竹器名称：竹箨盒；
主要功能：盛装食物、水果等；
产品尺寸：圆盒直径约 20cm；
拍摄地：上海市竹博会；
拍摄者：张小开、蒋兰；
拍摄时间：2006 年。

竹器名称：针线盒；
主要功能：存储针线等；
产品尺寸：直径 32cm，高 13cm；
拍摄地：浙江省宁波市；
拍摄者：不详；
图片来源：https://murenjv.taobao.com；
拍摄时间：2016 年；

竹器名称：糖果盒；
主要功能：存储糖果、水果等；
产品尺寸：单个直径 35cm，高 12cm；
拍摄地：浙江省宁波市；
拍摄者：不详；
图片来源：https://murenjv.taobao.com/；
拍摄时间：2016 年。

竹器名称：八宝收纳盒；
主要功能：收纳；
产品尺寸：直径12cm，高12cm；
拍摄地：贵州省三穗市；
拍摄者：不详；
拍摄时间：2016年。

名称：带字竹盒；
主要功能：收纳、装饰；
产品尺寸：直径 30cm，高 8cm；
生产单位：手工制作；

拍摄地：贵州省三穗市；
拍摄者：不详；
拍摄时间：2016 年。

1.3 杯罐类

杯罐类竹器主要有水杯、刷牙杯、茶杯、竹盏、调料罐、厨房储物罐、存钱罐等。

杯罐类竹器是利用竹材能存储、可密封以及竹筒中空有节的自然特点制作而成的。

传统杯罐类竹器直接使用竹筒制成。例如，截取大半截的竹筒可制作水杯、茶杯等较高的竹杯；截取小半截的竹筒可制作竹碗、竹盏等较浅的竹器；截取竹筒并留盖，竹杯就变成竹罐。但不论是竹杯、竹盏还是竹罐都局限于圆柱体造型，它们的直径大小无法改变，只能依竹筒直径大小而定。

现代重组竹制造技术则突破了传统杯罐类竹器天然的属性限制。竹杯或竹罐的造型相对自由，虽然还是以圆形为主，但可以制成纺锤形、椭圆形甚至方形等；其直径也不受任何限制，可以制作系列的成套竹杯或竹罐。

竹器名称：竹杯；
主要功能：喝水、盛水用；
产品尺寸：高 15 ~ 20cm，直径 8 ~ 15cm；

拍摄地：浙江省安吉县中国竹子博物馆；
拍摄者：张小开、孙媛媛；
拍摄时间：2016 年。

竹器名称：竹杯；
主要功能：喝水、盛水用；
产品尺寸：高 15 ~ 20cm，直径 8 ~ 15cm；
拍摄地：江苏省常州市“南山竹海”；
拍摄者：张小开、孙媛媛；
拍摄时间：2016 年。

竹器名称：厨房用品；
主要功能：存储、盛装、加工食物等；
产品尺寸：各异；
拍摄地：上海市竹博会；
拍摄者：张小开、蒋兰；
拍摄时间：2006 年。

竹器名称：存钱罐；
主要功能：存钱；
产品尺寸：高 30cm，直径 7 ~ 8cm；
拍摄地：台湾省台北市；
拍摄者：不详；
图片来源：http://www.bamboofun；
拍摄时间：2016 年。

竹器名称：密封糖果罐；
主要功能：储存糖果等；
产品尺寸：高 10 ~ 15cm 不等，直径 10cm；
生产单位：竹器坊；
拍摄地：浙江省湖州市；
拍摄者：不详；
图片来源：https://shop135409087.taobao.com/；
拍摄时间：2016 年。

1.4 竹席类

竹席类竹器使用的历史很长，衍生的品种比较多，是常见的竹器。竹席类产品有竹编席、竹条席、竹麻将席、各式竹帘等。常见的竹席主要有竹编席、竹条席、竹麻将席3种。这3种竹席的区别在于使用的竹材原料不同：竹编席使用竹篾，竹条席采用竹片或竹，竹麻将席采用小竹块。这3类竹席中制作竹编席和麻将席花费的时间相对更多。

利用竹席制作的各式竹帘，也是竹席类产品的一种。竹帘一般使用竹条席为原材料，竹帘可以设计成不同的造型和式样。

竹器名称：竹席；
主要功能：休息、纳凉等；
产品尺寸：长120cm，宽190cm；
拍摄地：广西壮族自治区崇左市；
拍摄者：不详；
图片来源：https://zhuangxiangshoubian.taobao.com；
拍摄时间：2016年。

竹器名称：竹条席；
主要功能：休息、纳凉等；
产品尺寸：长 200cm，宽 180cm；长 200cm，宽 150cm 等；

拍摄地：浙江、福建等地；
拍摄者：张小开、孙媛媛；
拍摄时间：2016 年。

竹器名称：麻将席；
主要功能：休息、纳凉等；
产品尺寸：长200cm，宽180cm；长200cm，宽150cm等；

拍摄地：福建省建瓯市；
拍摄者：张小开、孙媛媛；
拍摄时间：2006年。

1.5 竹垫类

竹垫类竹器有竹编垫、竹片垫、竹块垫、竹板垫、竹席坐垫、饺子垫、竹笪等。

利用竹材导热性较慢的特点，可设计、制成各类隔热垫、隔离垫，常见的有茶杯垫、坐垫、食品垫等。几乎所有类型的垫子都可用竹编、竹片、竹块、竹板等材料制作。

传统的竹垫一般是竹编的，随着现代竹材加工技术的出现，使用竹片、竹块或竹板加工制作的竹垫逐渐增多。

竹垫不受造型的限制，能做成方形、圆形以及其他任意形状。竹垫都是平面造型加图案的设计。竹垫在造型上首先要满足功能的需要，如座椅垫首先需要满足座椅形状的要求。现代家具的座椅面一般以方形为基础，因此家具座椅垫基本上是方形或长方形。而汽车座椅隔热垫需要贴合汽车座椅的椅面造型，这一类坐垫很少使用竹片、竹板材来制作，一般使用类似于麻将席的竹块材制作。

竹笪虽然属于竹垫类竹器，但它的作用是隔离食物，保证食物的卫生。因此，竹笪的造型和食物的托盘有一定的关系，竹笪很少是方形，大多以圆形或多边形为主，这样能满足不同容器的需要。随着人们饮食习惯的改变，现代竹笪还有装饰的作用，如将竹笪卷起，类似于古代竹箬，用其盛装食物，也很别致。

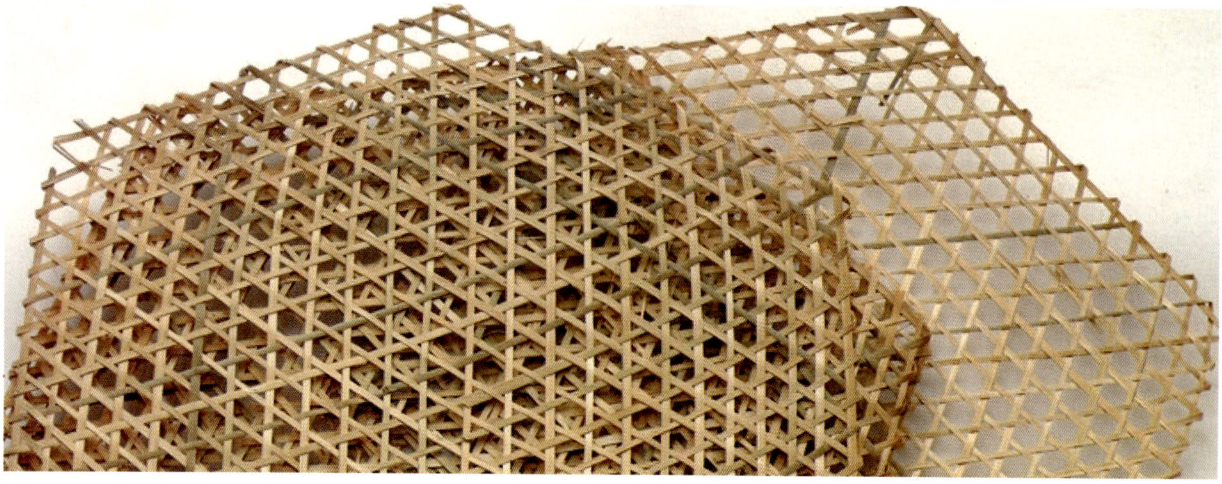

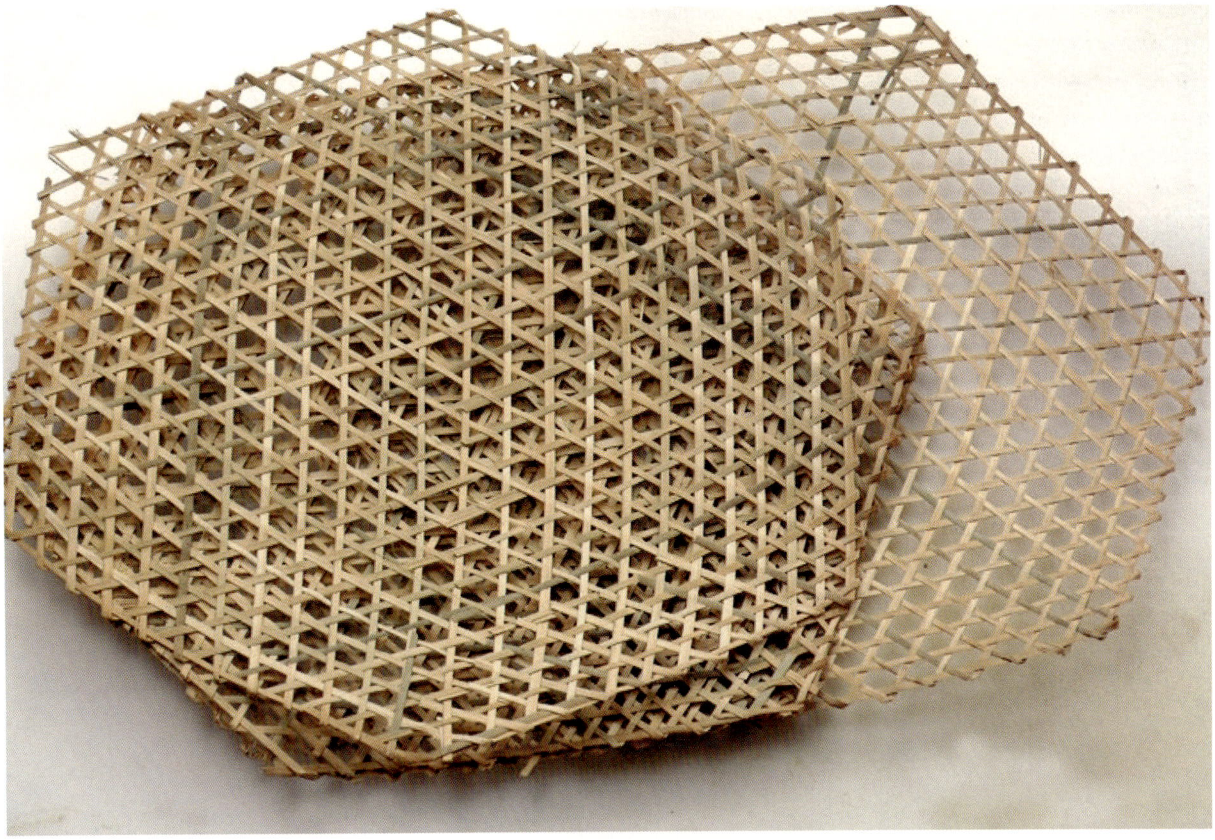

竹器名称：竹笪；
主要功能：用作食物隔离垫、食品装饰等；
产品尺寸：20cm ~ 35cm 不等；
拍摄地：广东省肇庆市冷坑镇；
拍摄者：不详；
拍摄时间：2016 年。

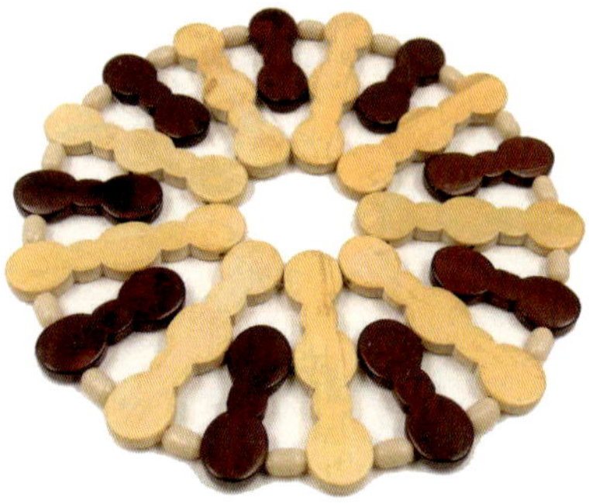

竹器名称：隔热垫；
主要功能：隔热、隔离等；
产品尺寸：10cm 见方；

拍摄地：浙江省安吉县中国竹子博物馆；
拍摄者：张小开、孙媛媛；
拍摄时间：2016 年；

竹器名称：隔热垫；
主要功能：隔热、隔离等；
产品尺寸：直径10cm见方；
拍摄地：台湾；
拍摄者：不详；
拍摄时间：2016年。

竹器名称：隔热垫；
主要功能：隔热、隔离等；
产品尺寸：直径10cm；
拍摄地：深圳；
拍摄者：不详；
拍摄时间：2016年。

竹器名称：隔热垫；
主要功能：隔热、隔离等；
产品尺寸：圆形部分的直径 8 ~ 10cm；

拍摄地：台湾省；
拍摄者：不详；
拍摄时间：2016 年。

竹器名称：竹杯垫；
主要功能：隔热、隔离等；
产品尺寸：直径 9.5cm；
拍摄地：浙江省湖州市；
拍摄者：不详；
图片来源：https://shop135409087.taobao.com；
拍摄时间：2016 年。

1.6 竹篓类

竹篓类竹器的典型特征是开口较小、容量很大、无提梁。竹篓在古代使用较广，到了近代，使用量逐渐减少。常见的有背篓、发篓、渔篓、茶篓、蛐蛐篓等。

竹背篓在竹产区最常见，盛装日常生活、生产中的大多数物品。还有一种主要用于背儿童的儿童竹背篓。这种竹背篓分为两级，中间为儿童落座的地方，可以背着儿童出门。

在传统竹篓中，发篓比较特别，它是用来装头发的。这一类篓体型较小，尖底，不能平放在地上，一般放置在卧室梳妆台旁边。古代人认为“身体发肤，受之父母”，因此不能轻易丢弃头发。每天梳头时，掉下来的头发都需要留下来，一直存在发篓中。随着这一习俗的消失，发篓也从人们的生活中消失了。

蛐蛐篓是常见的竹篓之一，提梁较小，有圆形、柱形、篓形及其他造型，因体积较小，一般用竹编编成，既利于塑形又能通风。

渔篓和茶篓是生产竹器，用于装鱼和装茶叶，其造型略有区别。渔篓肚子大、颈部收口，开口处比颈部略大，整体厚度比较大，是一种比较饱满的篓类。渔篓用竹编制作，放在水中能养鱼，提篓时则能轻松出水，且通风性能好。茶篓外形和渔篓相似，但厚度较薄，是一种扁平的竹篓。

竹器名称：竹背篓；
主要功能：山区出行放置生产、生活物品等；
产品尺寸：直径 45cm，高 45cm；

拍摄地：广西壮族自治区桂林市龙胜各族自治县；
拍摄者：张小开、孙媛媛；
拍摄时间：2016 年。

竹器名称：儿童背篓；
主要功能：背儿童及生活用品；
产品尺寸：高 60cm，口径 40cm，底径 25cm*20cm；

拍摄地：贵州省三穗县；
拍摄者：张小开；
拍摄时间：2016 年。

竹器名称：竹背篓；
主要功能：存放物品、背日常用品等；
产品尺寸：高 60cm，底部长 30cm，宽 20cm，顶部直径 50cm；

拍摄地：安徽省黄山市；
拍摄者：张小开、孙媛媛；
拍摄时间：2016 年。

竹器名称：竹背篓；
主要功能：放置生产、生活物品等；
产品尺寸：口径 45cm，底径 20cm，高 45cm；
拍摄地：广西壮族自治区桂林市龙胜各族自治县；
拍摄者：张小开、孙媛媛；
拍摄时间：2016 年。

1.7 竹笼类

竹笼类竹器有筷笼、蒸笼、挂笼、家禽笼等。

笼类竹器与篓类竹器在外形上有一定的相似性，但随着称谓的固定化，竹笼类竹器有了固定的定义。竹笼的造型一般为没有收颈且为直筒，竹笼既可以用竹编制作，也可以用竹片制作。还有一种竹笼带有“关”的功能，如农村常用带有盖或门的家禽笼，家禽一旦进入就被关起来。蒸笼也使用竹材制作，用于蒸煮食物。筷笼和挂笼造型相对自由，很少有盖。大多数筷笼使用竹编盒、竹筒制作。

竹器名称：家禽笼；
主要功能：放置鸡鸭鹅等家禽，可携带；
产品尺寸：口径 35 ~ 40cm，长 60cm，高 60cm；
拍摄地：广西壮族自治区桂林市龙胜各族自治县；
拍摄者：张小开、孙媛媛；
拍摄时间：2016 年。

竹器名称：挂笼；
主要功能：挂在厨房或工作间墙上，
放置物品；
产品尺寸：高 60cm，宽 60cm，厚
约 30 ~ 40cm；
拍摄地：四川省上里古镇；
拍摄者：陈晨；
拍摄时间：2016 年。

竹器名称：竹筷笼；
主要功能：放置筷子；
产品尺寸：高 25cm，直径 10cm；

拍摄地：四川省安仁古镇；
拍摄者：张小开、孙媛媛；
拍摄时间：2014 年。

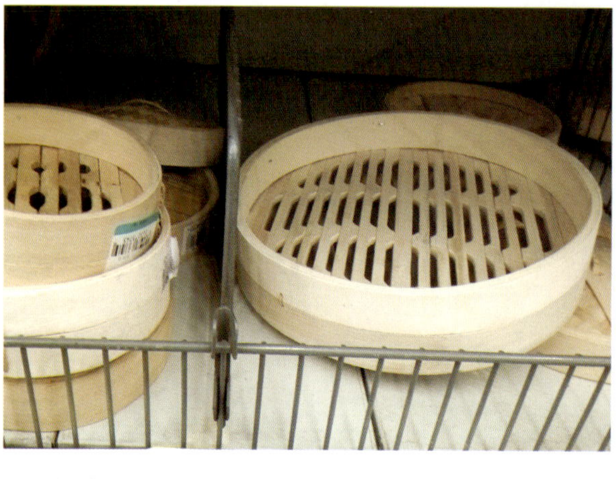

竹器名称：蒸笼；
主要功能：蒸煮食物用；
产品尺寸：直径约 20 ~ 40cm 不等，高度 10cm；

拍摄地：天津市；
拍摄者：张小开、孙媛媛；
拍摄时间：2016 年。

1.8 竹扇类

竹扇类竹器有折叠扇、竹编团扇、竹片材扇、方扇、芭蕉扇等。

竹扇是常见的竹器，过去将其分为日常使用的竹扇和文人使用的竹扇。

日常使用的竹扇相对简单，一般采用较实（不留孔）的竹编制作，造型有梯形、多边形及芭蕉形等。随着加工技术的进步，可以制造实心竹片扇，采用双层或数层竹薄片压制，以圆形或芭蕉形等相对圆润的形态为主。

有一种传统的竹扇，为竹编的方扇，如从战国时期的马山1号墓出土的彩绘矩纹竹扇、从汉代马王堆出土的竹编扇都是竹编方扇等，但至晋代以后就很少有人使用这一类竹扇了。

文人使用的竹扇主要有折叠扇、团扇等。折叠扇由各种材质制成，但竹制的折叠扇有自身的特点，若是将其配上传统的书画，则更增加了其文化韵味。竹制折叠扇的竹材有素面竹片、湘妃竹等。团扇框架为竹制，扇面则使用纸质或绢，有长短柄之别。唐宋以后，大多数团扇使用湘妃竹制作，如唐代昭陵墓中的壁画中就有湘妃竹制的团扇。至清代，用湘妃竹制作的团扇是女性首选物件。从明清时期开始，逐渐产生了男性使用折扇，女性使用团扇的特定习惯。但在早期是没有这种区别的，如在晋代画像中男性也使用团扇。

竹器名称：竹扇；
主要功能：扇风降温；
产品尺寸：长约40cm，最大宽度30cm；
拍摄地：江苏省常州市南山竹海；
拍摄者：张小开、孙媛媛；
拍摄时间：2016年。

竹器名称：竹扇；
主要功能：扇风纳凉、装饰等；
产品尺寸：收纳长度 25 ~ 35cm；

拍摄地：上海市竹博会；
拍摄者：张小开、蒋兰；
拍摄时间：2006 年。

竹器名称：竹扇；

主要功能：扇风纳凉、装饰等；

产品尺寸：整体长度 40cm，扇面部分圆形直径 24cm，方形最宽处 25cm，最窄处 20cm；

拍摄地：（上图）上海市竹博会，（下图）江苏省溧阳市；

拍摄者：张小开、蒋兰、孙媛媛；

拍摄时间：2006 年，2016 年。

1.9 竹盘类

竹盘类竹器有方竹盘、圆竹盘、高足盘、竹席盘、竹篾盘、水果盘、竹集成材果盘等。

竹盘类产品的主要特点就是具有“盘”的特征，敞口、平底、浅身。传统的竹盘主要用竹编制作，随着竹材加工技术的发展，现在可以使用竹席、竹板、竹片等挤压成型制成竹盘，或以竹篾为材料，粘连后挤压成型制成竹盘。还有一种竹盘比较特别，它使用竹集成材二次加工制成，有一定的造型，用来做果盘。

传统的竹盘一般为圆形，分为无足盘、有足盘和高足盘等。

用现代技术加工的竹盘其造型相对自由，不受材料的限制，同竹垫一样，可以用多种平面作为竹盘的造型，如圆形、方形、多边形、水波纹形等，还可配以图案。

竹器名称：方竹盘；
主要功能：盛装水果、食物等；
产品尺寸：长 20 ~ 35cm 不等，宽 10cm ~ 18cm 不等；

拍摄地：安徽省六安市孔集镇；
拍摄者：张小开、孙媛媛；
拍摄时间：2016 年。

竹器名称：竹席盘；
主要功能：盛装食物、水果等；
产品尺寸：直径约 20cm；

拍摄地：上海市竹博会；
拍摄者：张小开、蒋兰；
拍摄时间：2006 年。

竹器名称：高足盘；
主要功能：盛装生活物品、果品等；
产品尺寸：直径 37.5cm，高 16cm；

拍摄地：江苏省苏州市；
拍摄者：不详；
图片来源：https://shop105458210.taobao.com;
拍摄时间：2016 年。

竹器名称：水果盘；
主要功能：盛装水果等；
产品尺寸：尺寸不详；

拍摄地：浙江省宁波市；
拍摄者：不详；
图片来源：https://murenjv.taobao.com/；
拍摄时间：2016 年。

竹器名称：托盘；
主要功能：盛装水果等；
产品尺寸：各异 ；
拍摄地：上海市竹博会；
拍摄者：张小开、蒋兰；
拍摄时间：2006 年。

竹器名称：竹簭盘；
主要功能：盛装食物、水果等；
产品尺寸：盘长 30cm，宽 10cm；
拍摄地：上海市竹博会；
拍摄者：张小开、蒋兰；
拍摄时间：2006 年。

1.10 竹筒类

竹筒类竹器有打酒桶、竹酒筒、水烟筒、竹饭筒、虾滑筒、笔筒等。

此类竹器主要利用了竹筒中空有节的特点以及“筒”状结构来盛装物品、食品等。传统的竹筒类竹器主要有水筒、酒筒、水烟筒等，主要是用来盛装液体。

现代有一种盛装食物的竹筒，这种竹筒被切开一大半，留下一小半，横向放置，用来盛装“虾滑”“鱼滑”之类的糊状生食，然后下锅蒸煮。

除生活类竹筒竹器外，也有用竹筒制作的生产类竹器，如刀筒套、山区自发声装置等。

竹器名称：水烟筒；
主要功能：吸水烟用；
产品尺寸：单桶高 30 ~ 40cm，直径 10cm；
拍摄地：云南省昆明市；
拍摄者：不详；
拍摄时间：2016 年。

竹器名称：竹酒筒；
主要功能：存储白酒等；
产品尺寸：单桶高 20 ~ 30cm，
直径 6 ~ 8cm；
拍摄地：湖南省湘西土家族苗族自治州；
拍摄者：王安霞；
拍摄时间：2005 年。

竹器名称：竹饭筒；
主要功能：盛装蒸煮的食物；
产品尺寸：尺寸不一；

拍摄地：四川省宜宾市蜀南竹海；
拍摄者：张小开；
拍摄时间：2016年。

竹器名称：竹饭筒；
主要功能：用于做饭；
产品尺寸：长 50cm，盛饭部分 25cm，直径 5cm；
拍摄地：广西壮族自治区桂林市大圩古镇；
拍摄者：张小开、孙媛媛；
拍摄时间：2016 年。

竹器名称：虾滑筒；
主要功能：盛装虾滑等食物用；
产品尺寸：直径约6cm，长20~30cm；
拍摄地：天津市；
拍摄者：张小开、孙媛媛；
拍摄时间：2016年。

1.11 竹板类

竹板类竹器有竹切菜板、盛菜板。

此类竹器主要是竹板的形式，竹地板、竹家具等产品其实也是竹板类竹器，因为它们都大量地使用竹板材。

竹菜板有各种不同的式样。常见的是方形和圆形菜板，但也有其他造型的竹菜板，如带柄菜板、有机形态的菜板等。竹板类竹器除了用于切菜的竹板外，还有一种用作盛菜的竹板。盛菜板一般为矩形或有机形态，用来盛菜，特别是盛西式饭菜，则别有一番风味。

竹器名称：各式菜板；
主要功能：加工食物等；
产品尺寸：各异；
拍摄地：湖南、浙江、上海、福建；
拍摄者：张小开、孙媛媛；
拍摄时间：2006 年、2016 年。

竹器名称：菜板；

主要功能：盛菜或切菜用；

产品尺寸：长 30 ~ 40cm，宽 20cm，厚 2cm；

拍摄地：台湾省台北市；

拍摄者：不详；

图片来源：https://www.pinkoi.com/store/tik-a；

拍摄时间：2016 年。

1.12 竹罩类

竹罩类竹器有竹菜罩、竹烘衣罩等。

罩类竹器典型的特征是口朝下，有一定容量，带有或密或疏的孔。罩类竹器是用来保护或固定罩内物体，如竹菜罩是用来罩住菜饭，防止菜饭落灰或被苍蝇叮食，因此其竹编孔较小，且具有良好的通风性能。

竹烘衣罩是专门用来烘干衣物的竹罩，采用竹编编制，留有较大的竹编孔。较大的编织孔是用来增加烘衣罩的表面积和体积，使其能烘烤更多的衣服。使用时先内置炭火，然后将衣物铺在烘火罩的外表面上。特别是在南方潮湿地区，冬季湿衣物无法一时晒干，必须使用烘衣罩来烘干衣物。竹烘衣罩还有其他多功能，如圈养小鸡、小鸭等家禽，此时便成了家禽的饲养罩和保护罩。

还有一类专门用于捕鱼的竹罩，因其与生产有关，所以将在生产竹器中详细说明。

竹器名称：竹菜罩；
主要功能：罩住桌上饭菜，防飞虫及灰尘等；
产品尺寸：直径 60cm，高 25cm；
拍摄地：浙江省；
拍摄者：张小开、孙媛媛；
拍摄时间：2016 年。

竹器名称：竹菜罩；
主要功能：保护食物等；
产品尺寸：直径 60cm，高 25cm；
拍摄地：安徽省合肥市宿州路；
拍摄者：张小开、孙媛媛；
拍摄时间：2016 年。

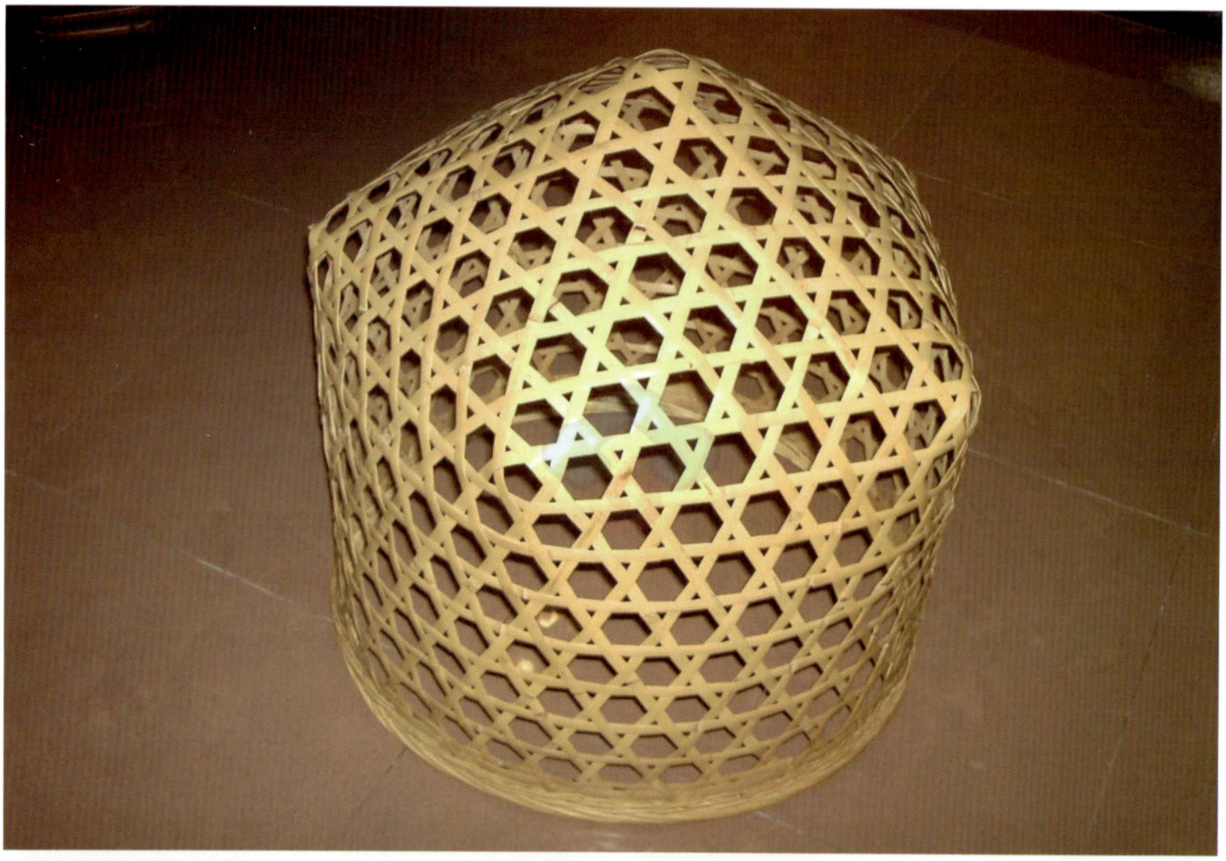

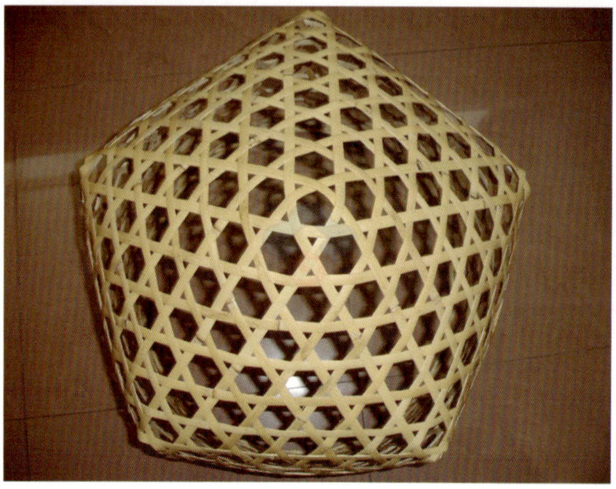

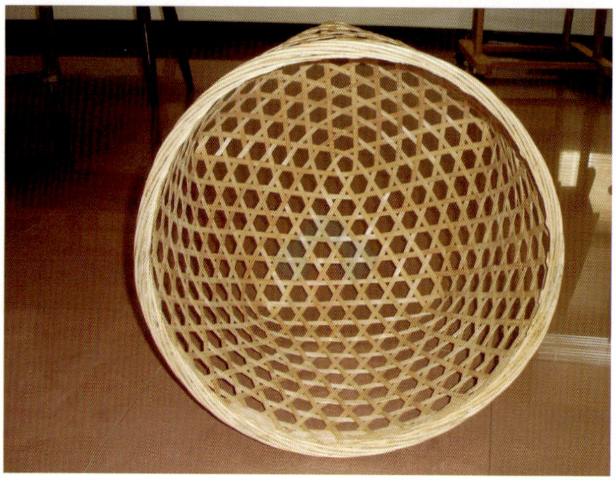

竹器名称：竹烘衣罩；
主要功能：内置炭火，将衣服烘干；
产品尺寸：大小可变；

拍摄地：台湾省苗栗县；
拍摄者：不详；
图片来源：http://archives.hakka.gov.tw/index.php；
拍摄时间：2009 年。

1.13 笊篱类

笊篱类竹器主要有竹漏勺、茶漏、饭捞等。

笊篱类竹器是日用竹器中较特别的一种，它利用竹编的“孔洞性”特点，用来过滤、分离液体和固体物质。竹笊篱为勺状或者碗状的造型，比较深的笊篱可以做成筒状。要想具有“孔洞性”，笊篱必须使用竹编制作，且以较细密的编织方式进行编织。

竹笊篱的漏勺部分有深有浅，较浅的竹漏勺用于打捞液体中的固体物，而较深的竹漏勺则可将食物置入液体中浸泡或蒸煮。还有长柄竹笊篱，专门用于打捞较远距离的水上物品。短柄漏勺的柄尺许长，而长柄漏勺的柄可达三尺以上，甚至更长。柄越长的笊篱，其提梁也越大。

茶漏是一种较小的竹笊篱，煮茶时，用其专门捞起水开后的茶沫。茶漏编织细密，体积小巧，制作精致，柄由短竹枝制成。

饭捞是用来捞饭的竹器。一旦水开就可以在锅中捞起米饭，再蒸煮，使其成为干米饭，捞完饭后剩下的是稀米粥，因此，一顿饭能同时吃米饭和粥。

笊篱的功能远不止这些，在农业时代，凡是需要分离液体和固体的场合，都能看到笊篱的身影。

竹器名称：竹漏勺；
主要功能：过滤用；
产品尺寸：总长 36cm，
口长 19cm，直径 6cm；
拍摄地：湖南省湘西土家族苗族自治州；
拍摄者：不详；
图片来源：https://jimizhang.taobao.com/；
拍摄时间：2016 年。

竹器名称：竹漏勺；
主要功能：过滤食物用；
产品尺寸：长 50cm，直径 12cm；

拍摄地：北京市中华民族园；
拍摄者：张小开、孙媛媛；
拍摄时间：2016 年。

竹器名称：竹漏勺；
主要功能：过滤食物用；
产品尺寸：长 50cm，直径 12cm；
拍摄地：江苏省苏州市；
拍摄者：张小开、孙媛媛；
拍摄时间：2016 年。

竹器名称：饭捞（饭篱）；
主要功能：就是用来把米饭捞起沥出水分用；
产品尺寸：不详；

拍摄地：台湾省桃园市；
拍摄者：不详；
图片来源：http://archives.hakka.gov.tw/index.php;
拍摄时间：2010 年。

竹器名称：茶漏；
主要功能：收集、过滤茶叶等；
产品尺寸：不详；

拍摄地：湖南省邵阳市；
拍摄者：张小开、孙媛媛；
拍摄时间：2016 年。

1.14 碗盆类

碗盆类竹器有竹编碗、竹筒碗、竹集成材碗、烘火盆、脸盆、脚盆等。

竹碗的典型特征是敞口、半球形、有底，与普通的瓷碗相似；竹盆则是用于盛装固体物或在洗漱时使用。不论是竹碗还是竹盆都有竹编和非竹编两类，非竹编类的有用圆竹制作和竹集成材制作两种。

传统的竹碗、竹盆大都使用竹编，竹编能够编制出碗和盆的造型，但竹编碗盆有一个特点就是“空洞性”，无法盛装液态物，只能盛装固态物。如传统竹编竹碗只能盛装固体食物、五谷杂粮等，传统竹编竹盆也只用于盛装陶质火盆等。在传统竹碗中也有利用竹筒制作的无孔洞竹碗，这种竹碗与一般的陶碗一样，具有温和传热特点，所以盛有刚出锅食物的竹碗夏天不烫手，冬天食物则不会快速冷却。

现代竹碗主要由竹集成材或采用旋切竹筒另外加底的方法制作。这种竹碗严丝合缝，可以盛装液态食物和水等。现在还可以利用竹板材或集成材等制作类似传统木盆一样的竹盆，这种竹盆完全打破传统竹编材料的局限，能够自由设定竹盆尺寸，以满足不同的需求，如制作不同大小的脸盆、脚盆等竹盆。用现代竹集成材制作的竹碗、竹盆等竹器在重量上要远重于传统的竹碗、竹盆。

竹器名称：竹集成材盆；
主要功能：洗脸、洗脚等；
产品尺寸：各异；
拍摄地：上海市竹博会；
拍摄者：张小开、蒋兰；
拍摄时间：2006 年。

竹器名称：竹碗；
主要功能：盛饭菜用；
产品尺寸：各异；

拍摄地：浙江、福建等地；
拍摄者：不详；
拍摄时间：2017年。

竹器名称：竹碗；
主要功能：洗刷用；
产品尺寸：口径 19cm，底径 11cm，高 5cm ；

拍摄地：贵州省三穗市；
拍摄者：不详；
拍摄时间：2016 年。

竹器名称：火盆；
主要功能：烤火用等；
产品尺寸：直径 15cm，高 18cm；

拍摄地：江苏省苏州市；
拍摄者：不详；
图片来源：https://shop105458210.taobao.com；
拍摄时间：2016 年。

1.15 服饰类

服饰类的竹器主要有竹帽、竹笄、竹簪、竹篦、胡梳、竹衣、竹编手提包、竹鞋等，从头到脚涵盖服饰的各个方面。竹帽可以细分为竹编帽、竹箨帽、斗笠、渔民帽、折叠帽等。竹衣则可以分为两类，一类是利用竹材直接制作的竹衣，一类是利用竹纤维制作的竹衣。竹制的梳子则分为竹篦、胡梳等。竹篦是用于梳理头发的梳齿比较密的梳子，胡梳则是专门用来梳理胡子的小竹篦。

对于竹衣来说，采用竹材直接制作的竹衣，主要是为了夏天纳凉用的。这种竹衣的制作过程是先把竹材制成小颗粒或者直接把小竹枝截成1厘米左右的小段，然后用线穿起，最后制成网状的竹衣。其造型可以变化，但制作较复杂，需要耗费大量的人工。而利用提取竹材中的竹纤维制作的竹衣，则是先将竹纤维制成竹纤维丝，然后使用现代纺织加工技术编织而成，这种竹衣看不出竹材的特征，与用其他纤维制作的衣服没有两样。

竹笄和竹簪都是传统的饰品类竹器，用于挽起头发及给头发塑形，这类竹器形式较为简单。但也有利用现代制作技术将竹簪的头部制作成卷曲的现代形态的新式竹簪，这种竹簪颇具韵味。

竹编手提包是使用竹编易成型的工艺特点来编织的，若在手提包内部加衬布，则可增加手提包使用的便利性。竹编手提包的造型借鉴了一般手提包的造型，因此竹编手提包也具有多种风格。

竹鞋是用竹材制作的鞋子，主要特点是清凉，常见的竹鞋有竹凉鞋、竹拖鞋等，用竹片或竹块（颗粒）制作而成。

竹器名称：竹衣；
主要功能：保暖；
产品尺寸：尺寸各异；

拍摄地：上海市竹博会；
拍摄者：张小开、蒋兰；
拍摄时间：2006 年。

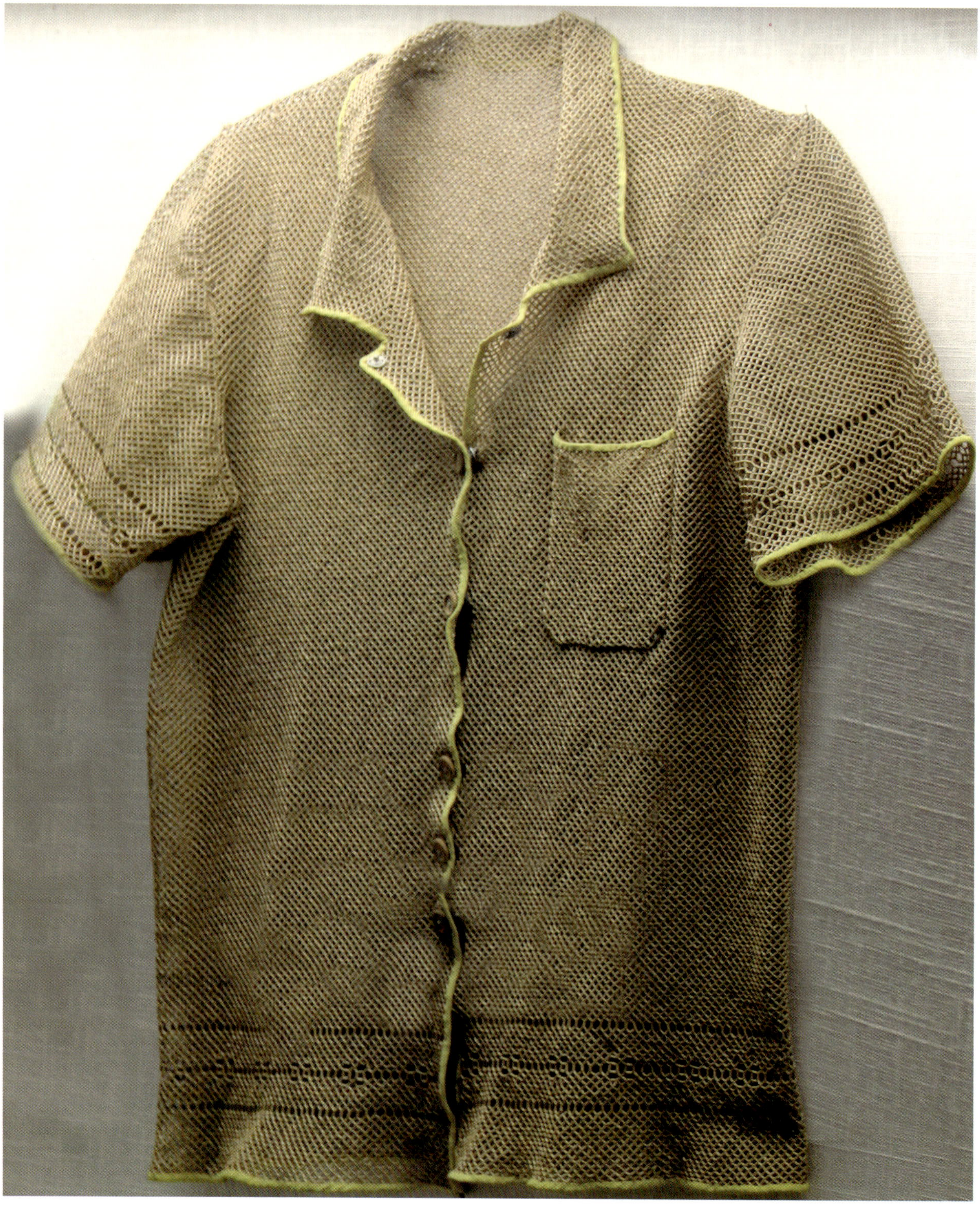

竹器名称：竹衣；
主要功能：避暑隔热；
产品尺寸：高约 75cm，肩宽约 50cm；

拍摄地：浙江省安吉县中国竹子博物馆；
拍摄者：张小开、孙媛媛；
拍摄时间：2016 年；

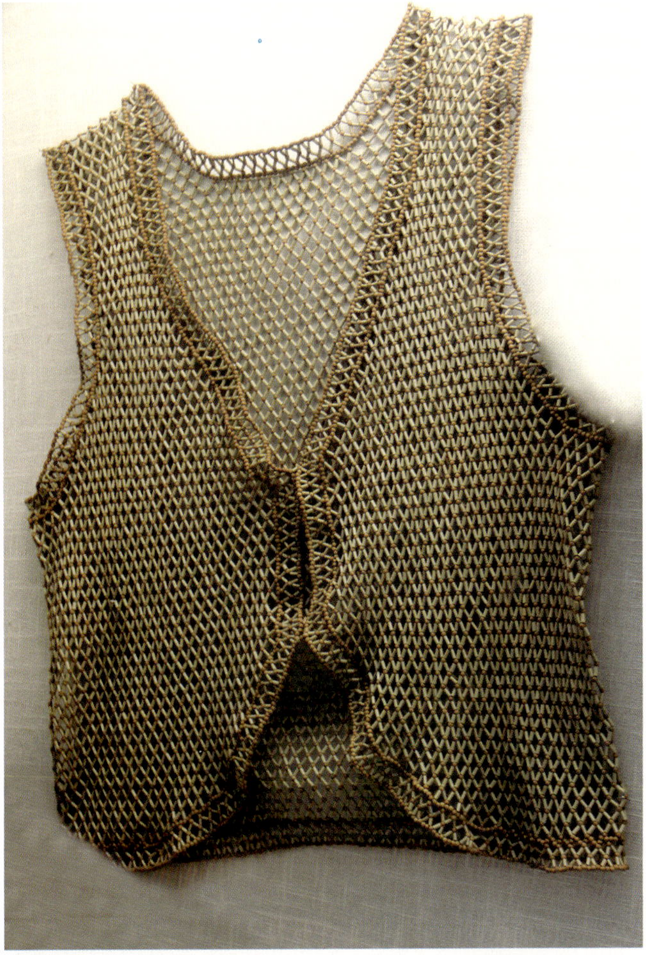

名称：竹器、竹衣；
主要功能：避暑隔热；
产品尺寸：高约 65cm，肩宽约 40cm；
拍摄地：浙江省安吉县中国竹子博物馆；
拍摄：张小开、孙媛媛；
拍摄时间：2016 年。

竹器名称：竹拖鞋；
主要功能：保护脚部；
产品尺寸：尺寸各异；

拍摄地：（上图）浙江省安吉县，
（下图）上海市竹博会；
拍摄者：张小开；
拍摄时间：（上图）2016 年、（下图）2006 年。

竹器名称：竹编手提包；
主要功能：装随身小物品；
产品尺寸：高约 15 ~ 25cm，宽约 25 ~ 30cm；
拍摄地：江苏省常州市南山竹海；
拍摄者：张小开、孙媛媛；
拍摄时间：2016 年。

竹器名称：胡梳；
主要功能：梳胡子用；
产品尺寸：长 9.75cm，最宽 2.8cm；
拍摄地：河北省衡水市；
图片来源：中华古玩网；
拍摄时间：2016 年。

竹器名称：竹篦；
主要功能：梳理头发用；
产品尺寸：长 13 ~ 14cm，宽 7cm；
拍摄地：四川省泸州市；
拍摄者：不详；
拍摄时间：2016 年。

1.16 竹帽类

竹帽常见的有竹斗笠（包括尖斗笠、圆斗笠等）、竹编凉帽、竹编安全帽、竹编渔民帽、竹箨帽、折叠竹帽等。羃䍦也是竹帽的一种，从唐代以后就消失了。

（1）竹斗笠

竹斗笠的制作方式在汉代就已经成熟，《说文解字》中已有“笠”字，说明在该时期，竹斗笠已被广泛使用。竹斗笠造型丰富，一般为圆形，主要有尖顶和圆顶两种。其编织手法多样，有些地区还将其着色以达到不同的视觉效果。圆顶竹斗笠较扁平，帽檐既有宽大型也有紧凑型，其用处不一。

（2）竹编凉帽

竹编凉帽是采用竹编工艺制作的圆形竹帽，主要用来遮阳和装饰。竹编凉帽竹编细致，竹篾较细，有一定的造型，不需要严丝合缝，留有装饰性的空隙。因为没有挡雨的需要，因此竹编凉帽制作轻巧，常以单层竹编制作，且以较浅的竹篾为主，同时配合其他的装饰元素。

（3）竹编安全帽

竹编安全帽具有抗冲击和减震的作用，借用现代安全帽的内外部结构和造型，使用较粗的竹篾编制而成，竹编安全帽相对厚实、分量较重，是一种实用性的竹器。

（4）竹编渔民帽

竹编渔民帽主要在沿海地区使用，尺寸宽大，帽檐有向下的遮挡造型，常见的有两段式，改进后的有三段式造型。竹编渔民帽采用三层结构，其中两层使用竹篾编织，中间夹装挡雨的竹箨或塑料。

（5）竹箨帽

竹箨帽是用竹箨制作，因为竹箨有防水功能。有些竹斗笠里面也夹有竹箨。竹箨帽省去了竹编制作的程序，直接使用竹箨。竹箨帽具有质量小、方便携带、节省工序等优点。

（6）折叠竹帽

折叠竹帽是利用折叠原理，用丝织品和布料等配合材料设计而成的现代竹帽。其框架使用竹片或竹条，帽顶处设旋转轴。其中竹片做各种不同造型处理，配上各色图案的纺织布料，使折叠竹帽显出丰富的表现力。

竹器名称：竹编凉帽；
主要功能：遮阳、搭配服饰；
产品尺寸：高约 75cm，宽 70cm；

拍摄地：河北省黄骅市；
拍摄者：张小开、孙媛媛；
拍摄时间：2015 年；

竹器名称：竹斗笠；
主要功能：遮阳；
产品尺寸：直径 35 ~ 40cm，高 12 ~ 15cm；
拍摄地：河南省博爱县；
拍摄者：吴淼；
拍摄时间：2016 年。

竹器名称：竹编安全帽；
主要功能：保护人的头部；
产品尺寸：长 25 厘米，宽 20 厘米，高 20 厘米；

拍摄地：河南省博爱县；
拍摄者：吴淼；
拍摄时间：2016 年。

名称：竹帽；
主要功能：遮阳、挡雨；
产品尺寸：直径 45cm，高 15cm；

拍摄地：安徽省六安市竹器大市场；
拍摄：张小开、孙媛媛；
拍摄时间：2016 年。

竹器名称：竹箨帽；
主要功能：遮阳、挡雨；
产品尺寸：高 30cm，直径约 40cm；

拍摄地：四川省上里古镇；
拍摄者：陈晨；
拍摄时间：2016 年。

竹器名称：折叠竹帽；
主要功能：遮阳；
产品尺寸：直径 35cm，高 20cm；

拍摄地：江苏省常州市“南山竹海”；
拍摄者：张小开、孙媛媛；
拍摄时间：2016 年。

竹器名称：竹编渔民帽；
主要功能：遮阳、防雨、防风；
产品尺寸：直径 55cm，高 30cm；
拍摄地：广西壮族自治区钦州市；
拍摄者：不详；
拍摄时间：2016 年。

竹器名称：各式斗笠；
主要功能：遮阳；
产品尺寸：各异直径 30 ~ 50cm；

拍摄地：广西壮族自治区桂林市龙胜各族自治县；
拍摄者：张小开、孙媛媛；
拍摄时间：2016 年。

1.17 玩具类

玩具类竹器主要有仿生类竹制玩具、声响类竹制玩具、汲水装置、竹球、竹蜻蜓、竹马、风筝、竹制空竹等。

竹制玩具是游玩类的竹器，类型丰富。如竹马、竹蜻蜓、竹风筝等竹器是延续至今的竹制玩具，其中竹马在汉代就已出现，是小朋友在孩提时的玩伴。

(1) 仿生类竹制玩具

仿生类竹制玩具是竹玩具中常见的形式。这类玩具使用竹竿、竹片制成动植物的主干，再使用竹枝制作模仿对象的触角和腿等肢体部位。仿生玩具形象生动，制作方便。

(2) 声响类竹制玩具

声响类竹制玩具按照竹材的“管”形以及小巧的哨类结构制作而成，它利用空气流动发声，供儿童吹玩。它还可以利用竹管内空气的流动控制管内压力，用于儿童汲水、喷水，是儿童喜爱的玩具。

(3) 竹球

竹球是利用柔韧竹材编织的空心球。竹球造型简洁，有弹性，并且重量较轻，类似于皮球，特别适合儿童踢球玩耍。

(4) 竹蜻蜓

竹蜻蜓是螺旋翼玩具，它将一根竹片两头削成方向相反的薄片，竹片中间挖空，下穿一根小竹棍，搓动小竹棍后竹蜻蜓能旋转飞翔。竹蜻蜓造型简单，成本较低，与纸飞机有异曲同工之妙，受到儿童喜爱。

(5) 竹马

竹马是使用竹竿当马骑的竹玩具，与其说竹马是一种竹玩具，还不如说竹马是儿童利用竹杆玩耍的娱乐玩具。

(6) 竹制风筝

竹制风筝是使用竹材制作的风筝。因为竹材中空有韧性，重量轻，承重能力强，所以是制作风筝的优良材料。竹制风筝的造型几乎不受限制，竹风筝中的风哨也使用竹子制作。

(7) 竹制空竹

空竹，古称胡敲、空钟、空筝，俗称嗡子、响铃、转铃、老牛、闷葫芦、风葫芦、响葫芦、天雷公公等，属于汉族传统玩具。典型的空竹有单轮和双轮，双轮的空竹形如腰鼓，以竹或木制成，两头为扁平状的圆轮，轮内空心，轮上挖有四五个小孔，孔内放置竹笛，两轮间有轴相连。单轮的空竹则形如陀螺，一侧有轮。因其轮内空心而有竹笛，故名“空竹”。空竹游戏一般称为抖空竹，也叫抖空钟、抖空筝、抖嗡子，在江南地区又称为扯铃。抖空竹活动流行于全国各地，天津、北京、辽宁、吉林、黑龙江等地尤为盛行。

(8) 其他

还有一类比较特别的互动竹玩具，其形式不定，它借用现代装置设计思路，利用竹材的竹管圆柱形状以及现代玩具有声响、能传动、有柔韧性等特点综合设计而成。台湾的竹子博物馆内有这样的设计作品。

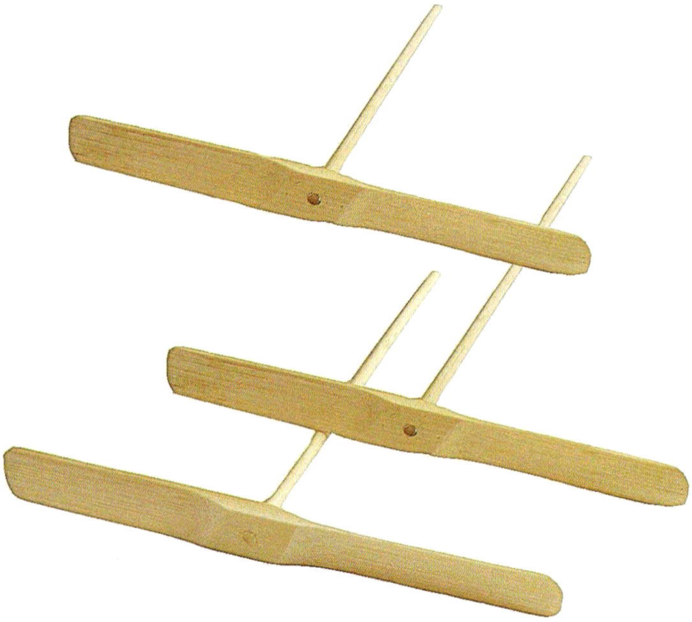

竹器名称：竹蜻蜓平衡装置（上图）；
主要功能：游戏、装饰；
产品尺寸：长度 10 ~ 15cm；
拍摄地：浙江；
拍摄者：张小开；
拍摄时间：2016 年；

竹器名称：竹蜻蜓（下图）；
主要功能：游戏；
产品尺寸：长度 10 ~ 15cm，杆长 15 ~ 20cm；
拍摄地：浙江；
拍摄者：不详；
拍摄时间：2016 年。

竹器名称：竹玩具装置（一）；
主要功能：游戏、互动；
设计理念：互动、体验设计；
产品尺寸：背景墙高约 200cm，宽约 300cm；

拍摄地：台湾省南投县竹艺博物馆；
图片来源：南投县竹艺博物馆官网；
拍摄时间：2014 年。

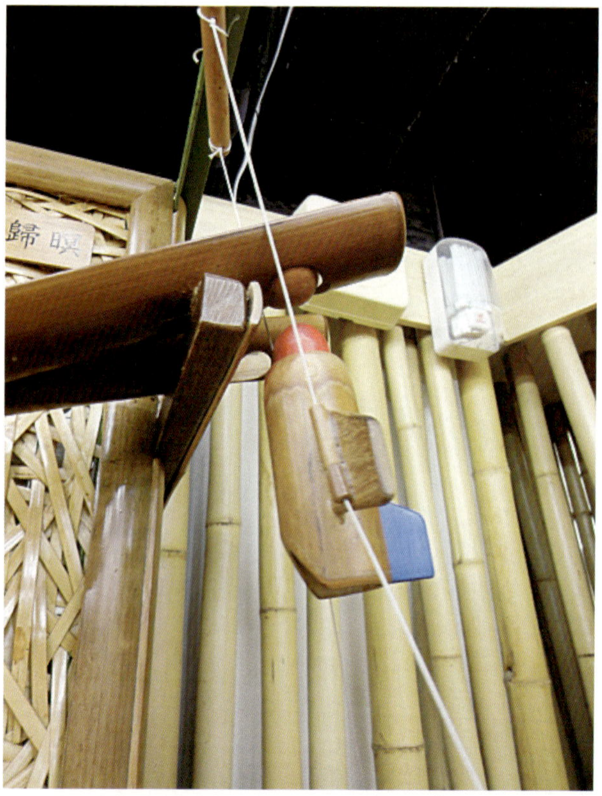

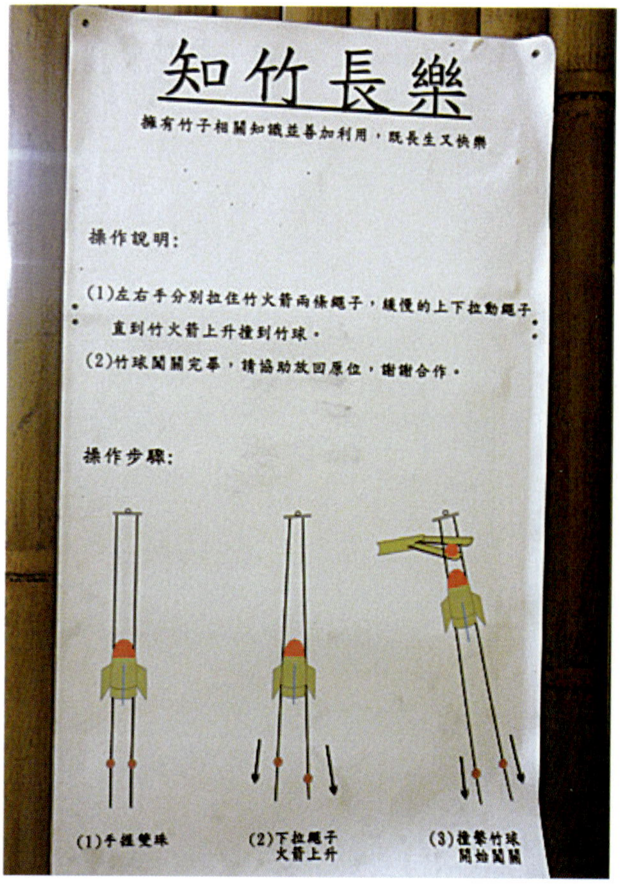

竹器名称：竹玩具装置（二）；
主要功能：游戏、互动；
设计理念：互动、体验设计；
产品尺寸：背景墙高约 200cm，宽约 300cm；
拍摄地：台湾省南投县竹艺博物馆；
图片来源：南投县竹艺博物馆官网；
拍摄时间：2014 年。

竹器名称：空竹；
主要功能：游戏、娱乐；
产品尺寸：高 20cm 左右，直径 7 ~ 18cm；
拍摄地：浙江省安吉县中国竹子博物馆；
拍摄者：张小开、孙媛媛；
拍摄时间：2016 年。

名称：竹球；
主要功能：游戏；
产品尺寸：（小）直径 9cm，（大）直径 15cm；
拍摄地：湖南省湘西土家族苗族自治州；
拍摄者：不详；
图片来源：https://jimizhang.taobao.com/；
拍摄时间：2016 年。

竹器名称：竹制玩具（一）；
主要功能：儿童娱乐、装饰；
产品尺寸：高 15 ~ 20cm；

拍摄地：台湾省台北市；
图片来源：http://www.alibamboo.com/new-events/；
拍摄时间：2016 年。

竹器名称：竹制玩具（二）；
主要功能：儿童娱乐、装饰；
产品尺寸：长 5 ~ 15cm；
拍摄地：台湾省；
拍摄者：陈良道；
图片来源：http://picssr.com；
拍摄时间：2016 年。

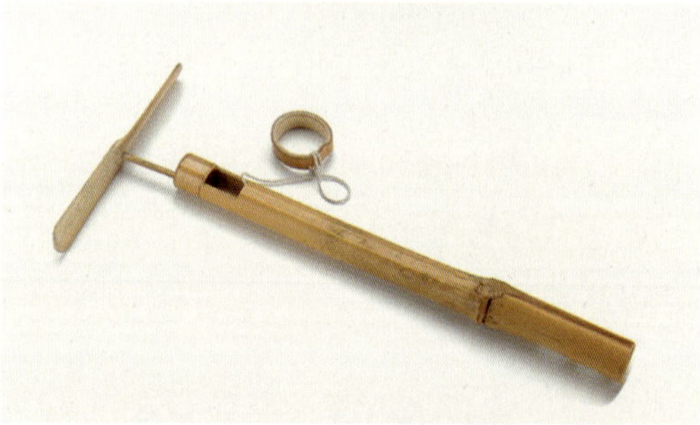
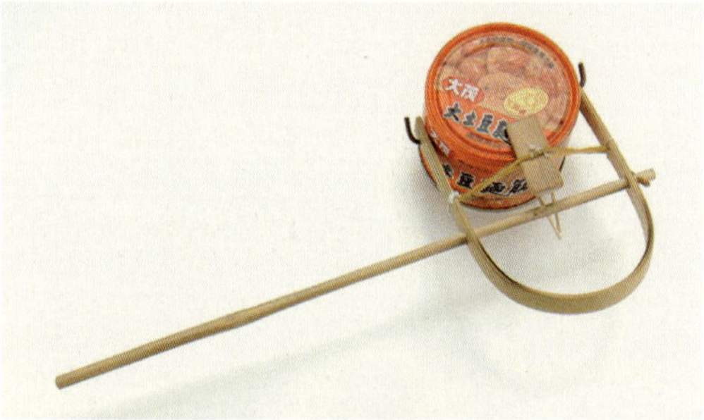
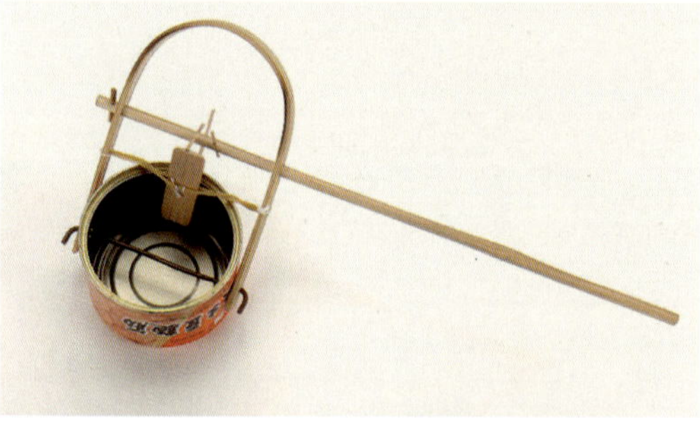

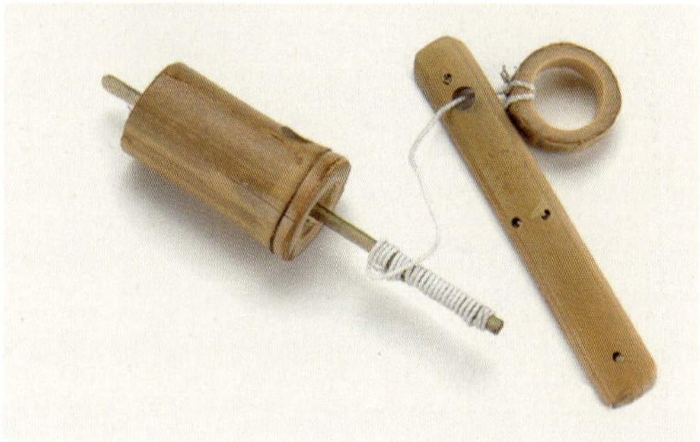

竹器名称：竹制玩具（三）；
主要功能：儿童娱乐、装饰；
产品尺寸：长 15 ~ 25cm；
拍摄地：台湾省；

拍摄者：陈良道；
图片来源：http://picssr.com;
拍摄时间：2016 年。

竹器名称：竹制儿童自行车； 拍摄地：浙江省安吉县中国竹子博物馆；
主要功能：儿童骑玩； 拍摄者：张小开、孙媛媛；
产品尺寸：长 65cm，宽 40cm，高 40cm； 拍摄时间：2016 年；

1.18 办公类

办公类竹器有竹名片盒、竹制键盘、竹制鼠标、竹制计算器、竹制优盘、竹制保护套、杂志架等。

办公类竹器是新式竹器，使用现代竹板材、竹片材等材料制作。其中一类办公竹器主要是以竹板材为外壳，如竹制键盘、竹制鼠标、计算器等。另一类如竹名片盒等，使用较薄的竹片材制作，造型小巧且有自然韵味。

竹制保护套是办公电器的外用保护套或保护盒，它是先用一定厚度的竹片或较薄的竹板压制成办公电器的外形，再配合其他软性材料制作而成。竹材质地坚硬，经压制后的竹板材具有很好的抗划能力，对电器可起到很好的保护作用。

竹器名称：竹名片盒；
主要功能：装名片；
产品尺寸：长 10cm，宽 6cm，厚 1cm；

拍摄地：台湾省台北市；
拍摄者：不详；
图片来源：https://www.pinkoi.com/store/tik-a；
拍摄时间：2016 年。

竹器名称：竹制鼠标、竹制优盘；
主要功能：办公用；
产品尺寸：长 11cm，宽 6cm，厚 5cm；
拍摄地：浙江省安吉县中国竹子博物馆；
拍摄者：张小开、孙媛媛；
拍摄时间：2016 年。

竹器名称：竹制键盘、竹制计算器；
主要功能：办公用等；
产品尺寸：长 45cm，宽 20cm；长 20cm，宽 10cm；
拍摄地：江苏常州、浙江安吉；
拍摄者：张小开；
拍摄时间：2016 年。

竹器名称：竹制保护套；
主要功能：放置遥控器等；
产品尺寸：高 15cm，宽 8cm，深 8cm；
拍摄地：湖南省岳阳市；
拍摄者：张小开、孙媛媛；
拍摄时间：2016 年。

竹器名称：杂志架；
主要功能：放置杂志、报纸等；
产品尺寸：高 30cm，宽 25cm，深 12cm；
拍摄地：湖南省岳阳市；
拍摄者：张小开、孙媛媛；
拍摄时间：2016 年。

1.19 其他类

日用竹器除了前文所述的18类竹器外，还有其他多种竹器，如竹枕、竹牙刷、竹刀叉、竹勺、竹枝晾衣架、竹杖、竹筷、水果签、竹枝扫帚、竹丝刷、竹编水瓶套、多功能竹手杖、竹棰、竹夹、茶叶桶等。这些竹器涉及各种竹材，如传统的竹竿、竹筒、竹枝、竹丝以及现代的竹板、竹片、竹颗粒等材料。不论是哪一种日用竹器，它们都充分利用了竹材优良的材料特性。

竹器名称：竹牙刷；
主要功能：刷牙用；
产品尺寸：长15cm；
拍摄地：台湾省台北市；
拍摄者：不详；
图片来源：http://www.bamboofun.url.tw；
拍摄时间：2016年。

竹器名称：竹餐具；
主要功能：进食用；
产品尺寸：长 10 ~ 20cm 不等；

拍摄地：台湾省台北市；
拍摄者：不详；
图片来源：http://www.bamboofun.url.tw；
拍摄时间：2016 年。

竹器名称：多功能竹手杖；
主要功能：提供支撑；
产品尺寸：收纳高度 65cm，直径 8cm；打开总高 45cm；
底座支撑面为 30cm 等边三角形 ；
拍摄地：上海市竹博会；
拍摄者：张小开、蒋兰；
拍摄时间：2006 年。

竹器名称：风筝哨子；
主要功能：使风筝放飞后发声；
产品尺寸：大小各异；

拍摄地：江苏省南通市；
拍摄者：张小开；
拍摄时间：2007 年。

竹器名称：竹夹；
主要功能：夹取食物；
产品尺寸：长 30cm；

拍摄地：安徽省合肥市宿州路；
拍摄者：张小开、孙媛媛；
拍摄时间：2016 年。

竹器名称：竹板晾衣架；
主要功能：晾衣服、晾食物等；
产品尺寸：高约 250cm，直径 5 ~ 10cm；

拍摄地：安徽省黄山市；
拍摄者：张小开；
拍摄时间：2009 年；

竹器名称：竹枕；
主要功能：休息用；
产品尺寸：长 45cm，宽 15cm，高 10cm；

拍摄地：福建省南平市；
拍摄者：不详；
图片来源：https://shop35787565.taobao.com;
拍摄时间：2016 年。

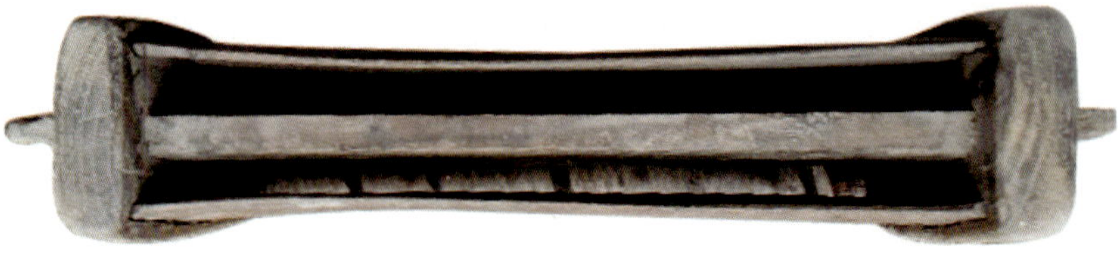

竹器名称：竹枕；
主要功能：休息用；
产品尺寸：长 32cm，宽 15cm，高 7cm；
拍摄地：广东省梅山市；
图片来源：中华古玩网；
拍摄时间：2016 年。

竹器名称：水果签；
主要功能：吃水果用；
产品尺寸：长约 10cm；

拍摄地：安徽省六安市孔集镇；
拍摄者：张小开、孙媛媛；
拍摄时间：2016 年。

竹器名称：竹锤；
主要功能：敲打小物件；
产品尺寸：高 25cm，直径 12cm；
拍摄地：湖南省衡阳市大桥竹器店；
拍摄者：张小开、孙媛媛；
拍摄时间：2016 年。

竹器名称：竹丝刷；
主要功能：清洁、餐具；
产品尺寸：长 30cm，直径 5 ~ 10cm；

拍摄地：四川省南充市、贵州省三穗县；
拍摄者：不详；
拍摄时间：2016 年。

竹器名称：（上图）竹编瓶套；
主要功能：保护水瓶用；
产品尺寸：直径 13cm，高 33cm ；
拍摄地：湖南省湘西土家族苗族自治州；
拍摄者：不详；
图片来源：https://jimizhang.taobao.com;
拍摄时间：2016 年；

竹器名称：（下图）竹丝刷；
主要功能：清洁、餐具；
产品尺寸：长 25cm，直径 5 ~ 10cm；
拍摄地：安徽省广德县；
拍摄者：张小开、孙媛媛；
拍摄时间：2016 年。

竹器名称：茶叶桶；
主要功能：存储茶叶等；
产品尺寸：长 17cm，宽 17cm，高 17.5cm；
拍摄地：浙江省宁波市；
拍摄者：不详；
图片来源：https://murenjv.taobao.com/；
拍摄时间：2016 年。

竹器名称：竹筷；
主要功能：夹取食物；
产品尺寸：长 20cm 左右；

拍摄地：浙江、福建、台湾等地；
拍摄者：张小开；
拍摄时间：2016 年。

第2章 竹篮

竹篮是生活中常见物品，在中国人的生活中扮演了重要的角色。竹篮品种丰富，常见的有菜篮、淘米篮、喜篮、果篮、气死猫、食篮、点心篮、考篮、香篮、挈篮、鞋篮等。

竹篮的主要特征就是带提梁，方便提拎和携带。实用竹篮大部分是敞口式的，个别带有盖，如“气死猫”等；工艺竹篮大部分带有盖，仅个别是敞口式的，如鞋篮、花篮等。工艺竹篮注重装饰性，带盖的工艺竹篮更富有工艺性；实用竹篮主要为满足日常生活中的基本需求。

竹篮的提梁有单提梁、双提梁、高提梁等，既有用竹编编织的，也有竹片材或竹条直接弯曲制成的。大多数竹篮都是以竹片材为框架，以竹编为篮身。篮身既有密不透风的实体性的编织，也有稀疏的大孔编织，不同的形式的篮身有不同的用途。

2.1 实用竹篮

实用竹篮有菜篮、淘米篮、喜篮、果篮、“气死猫”、重组竹竹篮、现代礼品篮等；

实用竹篮是日常竹器，没有太多的装饰，以实用为主，是老百姓使用最多、依赖最大的一类竹器。实用竹篮具有取材方便、经久耐用、物美价廉的特点，特别是在传统的农耕时代，实用竹篮是每个家庭的必备用具。

（1）菜篮

在实用竹篮中，最广为人知的就是菜篮。“菜篮子”一词除了“菜篮”本意，还指老百姓的日常生活水平。民以食为天，菜篮是跟“食”关系密切的重要竹器。在传统的农业时代菜篮子主要是用来种菜、摘菜、洗菜，还兼具存放衣物、运送小商品等功能，是一种多功能的竹器。在现代，买菜、洗菜等生活方式发生了很大的变化，竹菜篮使用得越来越少。

菜篮有圆形、椭圆形、方形和矩形等。其中尺寸较大的长菜篮，在有些地区被称为“腰篮”。腰篮截面呈椭圆形，提梁结合处略往里收，形成收腰的长椭圆形。这样的造型既增加了竹篮的长度，又贴合人的腰部。腰篮经常会挎在胳膊肘上，能够盛装更多的东西，特别是盛装较重物品时，可以借助腰部力量来支撑。

（2）淘米篮

淘米篮编织细密，主要用于淘洗大米。一般淘米篮为半球形，圆底有提梁，体积不大。很少见到平底的。圆底可以避免整个篮底接触地面。淘米篮不使用时可以挂起，以保证卫生。

没有提梁的淘米篮则称淘米箩，淘米箩也是半球形、圆底的器型。不过也有“箕”形的淘米箩，这种淘米箩方便淘米时漂洗。

（3）喜篮

喜篮是比较特别的竹篮，古时用来在订婚、结婚时送礼品，它没有统一的篮形。喜篮虽然是实用竹篮，但比一般竹篮精致。它用双层编织，内层用无孔十字编或人字编编织，外层用另一种编织方法或竹青编织，篮身细密，喜篮的提梁比较矮，少有高提梁的。一般为敞口，底小口大；篮口呈带圆角的长矩形。

（4）果篮

果篮是竹篮的一种，篮身为圆形，没有太多的特别形式。果篮的特点：一是其尺寸不太大；二是提梁较高。

（5）气死猫

“气死猫”是一种特殊形式的竹篮。为了对付猫、老鼠、黄鼠狼等小动物的偷吃行为，于是人们专门设计了一种肚大、口小、带盖的篮子，这种竹篮编织细密，使好吃的小动物望食兴叹，可以有效地避免小动物偷吃食物。因此这种竹篮便有了很诙谐的名字——气死猫。

“气死猫”肚大是为了能够容纳更多的食物；口小是为了增加小动物偷食难度，另外，小动物一旦掉入其篮中很难爬出来；带盖是为了防止篮内物品被转移。不过在广西桂林一带有一种类似的竹篮，但开口较大。可见“气死猫”在不同的地方，其造型会有一定的变化。

（6）重组竹竹篮

重组竹又称重竹，是将竹材重新组织并加以强化成型的竹质新材料。这种新材料是将竹材加工成长条状竹篾、竹丝或碾碎成竹丝束，经干燥后浸胶，然后铺放在模具中，经高温、高压、热固化而成的型材。竹材经过重组后，会制成标准的型材。常见的型材是重组竹板，很多竹器都是通过重组竹板二次加工成型的。

重组竹竹篮是根据重组竹板的材料特点，先采用激光切割技术将重组竹板切割成螺旋线形，拉开螺旋后便形成篮状造型，再配上切割出的竹篮外框架及提梁，于是就成了重组竹竹篮。

（7）现代礼品篮

现代礼品篮是通过现代机器加工技术，以机器加工的“竹帘”作为原材料，进行二次加工的竹篮。现代礼品篮的造型同传统的竹编篮不一样，它以更易于机械加工的筒状或长方体、立方体等形状为造型，仅在其部分地方使用竹编作为装饰设计或透气设计。

现代礼品篮常用于盛装高档礼品。

竹器名称：小提篮；
主要功能：盛装小物件等；
产品尺寸：口径 25cm，底径 15cm，高 25cm；

拍摄地：安徽省合肥市宿州路；
拍摄者：张小开、孙媛媛；
拍摄时间：2016 年。

竹器名称：长提梁竹篮；
主要功能：收纳、存储等；
产品尺寸：（小）高 40cm，口径 20cm，底部 12cm 见方；
（大）高 48cm，口径 24cm，底部 14cm 见方；

拍摄地：广西壮族自治区崇左市；
拍摄者：不详；
图片来源：https://zhuangxiangshoubian.taobao.com;
拍摄时间：2016 年。

竹器名称：方竹篮；
主要功能：盛装生活用品、食品等；
产品尺寸：20cm ~ 25cm；
拍摄地：广东省肇庆市冷坑镇；
拍摄者：不详；
拍摄时间：2016 年。

竹器名称：圆提篮；
主要功能：盛装生活小物件、蔬菜等；
产品尺寸：高 30cm，最大直径 25cm，底径 16cm；

拍摄地：江苏省常州市南山竹海；
拍摄者：张小开、孙媛媛；
拍摄时间：2016 年。

竹器名称：淘米篮；
主要功能：淘米用；
产品尺寸：直径 35cm；

拍摄地：安徽省六安市；
拍摄者：张小开、孙媛媛；
拍摄时间：2016 年。

竹器名称：腰篮；
主要功能：盛装生活物品；
产品尺寸：长约 60cm，宽约 30cm，高约 40cm；

拍摄地：河南省博爱县；
拍摄者：吴淼；
拍摄时间：2016 年。

竹器名称：喜篮；
主要功能：旧时订婚、结婚时用其装礼品；
产品尺寸：长约 60cm，宽约 30cm，高约 40cm；
拍摄地：安徽省六安市；
拍摄者：张小开、孙媛媛；
拍摄时间：2016 年。

竹器名称：方提篮；
主要功能：盛装生活用品等；
产品尺寸：长 50cm，宽 30cm，高 35cm；

拍摄地：湖南省衡阳市大桥竹器店；
拍摄者：张小开、孙媛媛；
拍摄时间：2016 年。

竹器名称：气死猫；
主要功能：存储食物；
产品尺寸：高 50cm，最大直径 40cm，口径 15cm；

拍摄地：安徽省六安市；
拍摄者：张小开、孙媛媛；
拍摄时间：2016 年。

竹器名称：带盖提篮；
主要功能：盛装小物件等；
产品尺寸：直径 15 ~ 25cm 不等，高 15 ~ 25cm 不等；
拍摄地：广西壮族自治区桂林市大圩古镇；
拍摄者：张小开、孙媛媛；
拍摄时间：2016 年。

竹器名称：重组竹竹篮；
主要功能：盛装水果等食品；
产品尺寸：高 25 ~ 30cm，长 25 ~ 30cm，厚 25 ~ 30cm；
拍摄地：浙江省安吉县；
拍摄者：张小开、孙媛媛；
拍摄时间：2016 年。

竹器名称：各式现代礼品篮（一）；
主要功能：盛装礼品、包装产品等；
产品尺寸：直径 20 ~ 30cm，高 15 ~ 35cm；

拍摄地：浙江省安吉县；
拍摄：不详；
拍摄时间：2014 年、2016 年。

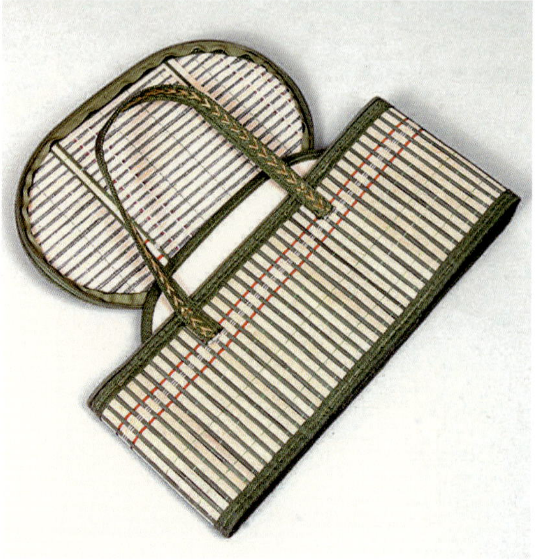

竹器名称：各式现代礼品篮（二）；
主要功能：盛装礼品、包装产品等；
产品尺寸：直径 20 ~ 30cm，高 15 ~ 35cm；

拍摄地：浙江省安吉县；
拍摄：不详；
拍摄时间：2014 年、2016 年。

2.2 工艺竹篮

在清代，有一类竹篮集复杂编织、多种工艺于一体，一改传统竹篮是民用竹器的特征，跻身精品器具行列，成为清代“商贾显贵”们喜爱的高档竹器。竹篮由日用品转变为工艺竹篮。清代的工艺竹篮制作时间长，人工成本高，需要很大的投入，价格不菲。

清光绪年间，浙江人刘通山、刘德山兄弟秉承祖业，对竹篮的编制手法和设计工艺进行了创新。编制方法从简单的平面打法向立体编织发展，设计和制作工艺集竹编、竹刻、铜艺、漆艺、木匠等多种工艺于一体。浙江竹篮在制作与编织工艺上有了重大改进，浙江竹篮成为当时编织工艺最讲究、制作水平最高的竹篮。如浙江的嵊州竹编，在编织技法上有挑压编、拉花编、实编、空编，编工十分精细，所用的篾丝有的可达到120根起寸（即120根篾丝每一市寸）。篮身大多层层相套，形如宝塔，因此又称为“塔篮”“脱篮”或“托篮”。一般的竹篮有二至三层，多的达四层或五层。上面一层往往是“朗”层，“朗”层用镂空编织，编篾疏朗，工整规范。当时浙江的竹篮要比其他省份的竹篮精致很多。

（1）套篮

套篮是传统工艺竹篮中最常见的一种。套篮一般两只一副，可以肩挑。每只三脱，盖子用漆绘工艺。扁担也是特制的，中间厚而阔，至两端渐薄、渐狭。扁担端头镶有铜质镂花装饰。在旧时，套篮是给做喜事、办寿诞和造屋人家送贺礼用的，篮内盛放食品。劳佛尔在《中国篮子》中就记录了数件清代的套篮，其形式和现在套篮几乎没有差别，说明在清代末年浙江竹篮的制作工艺已成熟完善。

（2）食篮

食篮是送食物或装礼物用的竹器，一般分两到三层，编织和做工均十分精细。食篮有大有小。其中有十分精致的点心篮；有送饭或带饭用的普通食篮；还有一种大型食篮，有三至五层，须两人抬，用于祠堂祭祀或上坟时盛放菜肴之用。食篮有方形、八角形、圆形、椭圆形等形式，单层食篮的层高尺寸较大，以便放置更多碗盆。

（3）香篮

香篮比食篮略长，是专门用来盛放香烛之类的供佛竹器，一般在两层以上，有长方体和八角长方体等形式。

（4）考篮

考篮又称书篮、文房篮或账篮，四周和提柄镶有铜质图案，专门用于盛放文房四宝和书籍。明清两代，书生进京赶考，就常用这种篮子。

单层考篮一般内置一浅夹层，考篮打开后，先取出浅夹层。浅夹层一般放置笔墨等书写工具，里层放置书卷和纸等。双层考篮有方形、矩形、椭圆形等，还有一种八边形的八方考篮。

（5）挈篮

挈篮只有单层，篮身呈碗形，提柄如元宝，小巧精致，旧时做为在孩子周岁生日和节日时给孩子送礼物的竹器。挈篮在江浙一带使用广泛，因为一是挈篮小巧，可盛装适合周岁孩子使用的较小尺寸的物品。二是其元宝形提柄寓意吉祥，因而深受人们喜爱。

（6）鞋篮

鞋篮只有单层，无盖，为妇女做针线活时使用的竹篮。因为旧时妇女主要针线活是做鞋子，故称这种竹篮为鞋篮。浙江丽水地区将鞋篮又称之布篮。

鞋篮是放置女红用品的，需方便携带，故其竹编较密。

（7）花篮

花篮是用来装花的竹篮，为高提梁、敞口。最早的花篮形象可以参考宋代李嵩的绘画作品《花篮》以及明代计盛的绘画作品《货郎图》中的花篮。其高挑的提梁是为了装花后能将其提起来，敞口是为了方便装下更多的花。

竹器名称：点心篮；
主要功能：存放点心等食物；
产品尺寸：直径 33.5cm，
高 33.5cm；
拍摄地：浙江省宁波市；
图片来源：中华古玩网；
拍摄时间：2016 年。

竹器名称：食篮（套篮）；
主要功能：装饭菜用、存储生活物品等；
产品尺寸：长 23cm，宽 23cm，高 35cm；

拍摄地：浙江省宁波市；
拍摄者：不详；
图片来源：https://murenjv.taobao.com;
拍摄时间：2016 年。

竹器名称：双层点心篮；
主要功能：存储点心等；
产品尺寸：直径 26cm，高 40cm；

拍摄地：浙江省宁波市；
拍摄者：不详；
图片来源：https://murenju.taobao.com;
拍摄时间：2016 年。

竹器名称：送菜篮；
主要功能：饭店送菜用等；
产品尺寸：不详；

拍摄地：浙江省宁波市；
拍摄者：不详；
图片来源：https://murenjv.taobao.com;
拍摄时间：2016年。

竹器名称：提篮；
主要功能：生活储物、携带物品；
产品尺寸：长 33cm，宽 19cm，高 35cm；

拍摄地：浙江省宁波市；
拍摄者：不详；
图片来源：https://murenjv.taobao.com;
拍摄时间：2016 年。

竹器名称：提篮；
主要功能：生活储物、携带物品；
产品尺寸：长 29cm，宽 29cm，高 46cm；

拍摄地：浙江省宁波市；
拍摄者：不详；
拍摄时间：2016 年。

竹器名称：挈篮；

主要功能：旧时在小孩周岁或节日时给孩子送礼品以及携带物品等；

产品尺寸：直径约 30cm，高 25cm 左右；

拍摄地：浙江省宁波市；

拍摄者：不详；

图片来源：江南传统工艺竹篮；

拍摄时间：2015 年；

竹器名称：挈篮；
主要功能：旧时在小孩周岁或节日时给孩子送礼品用以及携带物品等；
产品尺寸：直径 35cm，高 37cm；

拍摄地：浙江省宁波市；
拍摄者：不详；
图片来源：https://murenjv.taobao.com;
拍摄时间：2016 年。

竹器名称：方考篮；
主要功能：旧时用于书生进京赶考时盛装
笔墨纸砚等文具；
产品尺寸：不详；

拍摄地：浙江省宁波市；
拍摄者：不详；
图片来源：https://murenjv.taobao.com；
拍摄时间：2016 年。

竹器名称：八方考篮；
主要功能：旧时用于书生进京赶考时盛装笔墨纸砚等文具；
产品尺寸：长 35cm，宽 21cm，高 44cm；

拍摄地：浙江省宁波市；
拍摄者：不详；
图片来源：https://murenjv.taobao.com;
拍摄时间：2016 年。

竹器名称：鞋篮；
主要功能：放置针线等；
产品尺寸：口长 40cm，宽 25cm，高 32cm；
拍摄地：浙江省丽水市；
拍摄者：不详；
拍摄时间：2016 年。

竹器名称：鞋篮；
主要功能：放置针线等；
产品尺寸：长 24cm，宽 14cm，高 8cm；
拍摄地：浙江省宁波市；
拍摄者：不详；
拍摄时间：2016 年。

竹器名称：鞋篮；
主要功能：放置针线等；
产品尺寸：直径 34cm，高 11cm；
拍摄地：浙江省宁波市；
拍摄者：不详；
拍摄时间：2016 年。

竹器名称：鞋篮；
主要功能：放置针线等；
产品尺寸：直径 38.5cm，高 11cm；
拍摄地：江苏省苏州市；
拍摄者：不详；
图片来源：https://shop105458210.taobao.com;
拍摄时间：2016 年。

竹器名称：花器；
设计制作：郑美樱等；
主要功能：陈设、装饰；
产品尺寸：高 20 ~ 50cm 不等；
拍摄地：台湾省台北市；
图片来源：不详；
拍摄时间：2016 年。

第3章 竹灯具

竹制灯具是重要的灯具类型。灯笼是我国最早的竹制灯具，也是一直沿用至今的传统灯具。除了灯笼外，旧时还有一种用竹筒制作的竹油灯，现在已经不再使用。因此，我国最具代表性的传统竹制灯具就是竹灯笼。

随着现代生活方式的改变，电灯的普及，竹制现代灯具逐渐成为现代灯具设计的新形式。使用竹材设计制作的现代灯具不仅能表现竹材的自然美，而且使灯具具有鲜明的东方特色，并蕴含中国文化内涵。

灯具不仅仅具有照明功能，还有营造光影效果和室内外空间氛围的功能，这是照明功能的拓展和延伸。我国传统竹文化的内涵，可使竹灯具具有营造中国文化氛围的“软功能”，使传统竹灯具向现代灯具转型。

序　号	类　别	包 含 种 类
1	台灯类	竹编台灯、竹皮台灯、竹丝台灯、竹集成材台灯、竹筒台灯等。
2	落地灯类	竹编落地灯、竹皮落地灯、竹竿落地灯、竹丝落地灯、竹筒落地灯等。
3	吊灯类	竹制灯笼、竹编吊灯、竹皮吊灯、竹丝吊灯等。
4	其他	竹筒景观灯、竹编装饰灯等。

竹灯具主要有竹台灯、竹落地灯、竹吊灯和竹灯笼、竹景观灯等类型，其中竹台灯、竹落地灯、竹吊灯和景观灯是现代新型灯具，竹灯笼是传统灯具。依据竹材的不同可将竹灯具分为竹编类、竹竿类、竹皮类（即竹片）、竹筒类、竹丝类和竹集成材类。在不同类型的竹灯具中，竹编类、竹丝类竹灯具因为有“孔洞”，能产生丰富的光影效果，其氛围营造能力最强；竹皮类灯具虽然不能产生丰富有层次的光影效果，但是竹皮较薄，具有良好的透光性，能够映衬竹皮精美的材质肌理效果，给人特别的感受；竹竿类、竹筒类竹器虽然没有良好的透光性和“孔洞”效应，但能显示竹子独特的形态；竹集成材类灯具的原材料是标准件，易于加工，可批量生产，但缺点是灯具没有“孔洞”，光影效果的营造能力较弱，也比较厚重。竹灯具配合传统的“纸”材料，设计的灯具还具有文化韵味。

竹制景观灯是在户外使用的灯具，具有较高的使用要求，需要防户外风沙和雨雪等，需要经受风吹日晒的考验。因此竹编、竹片、竹丝等竹材形式都不宜用以制作景观灯。只有竹竿和竹集成材可用于制作户外景观灯，但是需要对它们进行防腐、防水处理。

经过处理的竹竿类景观灯在户外使用的时间有限，不适宜大量推广，主要适合在庭院中使用，需定期维护或者增加一定的遮挡、保护装置等。

重组竹材不是传统意义的竹材，但具有防腐、防水、防裂等性能。重组竹型材可在户外使用，制作竹景观灯可以选用这一类材料。

3.1 竹台灯类

台灯是放置在桌上的小型灯具，用于桌面照明，照明面积比较小，并具有装饰小面积光影的功能。竹制台灯有竹编类、竹皮类、竹丝类、竹筒类和竹集成材类台灯，用竹竿制成的竹台灯很少。

（1）竹编台灯

这一类台灯的灯罩是采用传统的竹编工艺编织而成。竹编具有不同形式，有不同的编织孔，如十字编为矩形孔、人字编为多边形孔，不同的孔洞会形成不同的光影效果。竹编还具有丰富的塑形能力，可编制成不同形式的动植物形象。竹台灯的灯罩有圆形、方形、球形、收腰柱形等造型，因此它也是一件漂亮的装饰品。

竹编台灯的灯座和灯杆既可使用竹材制作，也可使用现代灯具、灯座材料制作。

（2）竹皮或竹片台灯

竹皮或竹片类台灯的灯罩是利用竹材柔韧性强、竹纤维纹理独特，且具有一定的通透度的特点，用加工好的竹皮或竹片二次加工制作而成。

竹片虽然具有良好的柔韧性，但造型能力有限不能像竹编那样随心所欲地塑型。竹片可以形成闭合的圆形，也可以是圆形的适当变形，或者弯曲成弧形，再用这几种基本形态设计灯罩。因此，竹片类灯具以圆形或弧形等造型及其组合造型为主，还可以设计成折叠的扇形或圆形竹灯罩。

竹皮没有厚度限制，可以和较厚纸张一样来塑形，除了圆形、弧形、卷曲形等，还可以使用褶皱、波浪等形态。可以像布匹一样缠绕塑形，如使用竹皮随机缠裹一个框架，如果留有缝隙，会产生很丰富的光影和竹皮肌理映衬的效果。竹皮还可以搭建大平面，制造方形或多边形的光影效果。

（3）竹丝台灯

竹丝台灯是使用细竹条或竹丝制作的台灯。竹丝的直径可以是毫米级，直径越小的竹丝制作的竹灯越精致。竹丝还可以制作各种线形造型和肌理，如放射形图案、渐变交叉形图案、平行线图案等，能产生丰富的光影效果。

竹丝有竹编的“孔洞”效果，又减少了繁琐的编织工艺和收口要求。因此，竹丝台灯能够达到竹编台灯光影效果，又比竹编台灯的工艺简化。

竹丝虽然有很好的塑形能力和表现力，但在加工上有局限性，只能通过人工完成造型。即使用半机械化加工，竹丝的组装部分也仍需要手工。制作竹丝台灯的人力成本比较高。

（4）竹集成材台灯

竹集成材台灯是使用竹集成材制作灯罩等部件的台灯。竹集成材台灯有两个优点：一是竹集成材是标准原材料，可以通过设计，完全用机械加工和批量化生产，生产效率有保证；二是竹集成材可以制作台灯中的任何一个部件，不但可以制作灯罩，还可以制作灯杆、灯座等，不受造型的限制。竹集成材密度比较大，具有稳重、可塑性好等优点。

竹集成材一般是板材或体材，板材是一张标准平面竹板，体材是一块标准的立方体。竹板材更适合直线型、方块形等造型，可以裁成不同的形态，如可以将灯座做成圆形、方形、多边形等。

竹集成材缺乏“孔洞”，这类台灯的光影效果较差，需要配合“孔洞”才能丰富竹集成材台灯的整体光照效果。

（5）竹筒台灯

竹筒台灯是利用较大的竹筒制作灯罩，或者将组合的竹筒组成丰富的多点照明和造型效果。还有一种台灯是对竹筒进行切割处理，采用不同的手法对竹筒进行挖孔、半切分、局部切分等方式打开竹筒的实空间，尽可能地造成虚实相间的形态，有利于竹筒内光线的发散和产生更多的光影效果。

还有一种特别的竹筒台灯，是利用两个或两个以上竹节的竹筒，两头留筒，中间挖开，并对中间剩余的竹节部分进行弯曲或切割，可设计成丰富的形态。这种台灯的两头是完整竹筒，中间则是弯曲的竹片形态。

竹器名称：竹编台灯；
主要功能：照明、装饰等；
产品尺寸：高度 30 ~ 50cm 不等；
拍摄地：浙江省安吉县中国竹子博物馆；
拍摄者：张小开、孙媛媛；
拍摄时间：2016 年。

竹器名称：竹集成材台灯；
主要功能：照明、装饰等；
产品尺寸：最大高度 30cm，灯头直径 10cm；
拍摄地：江苏省常州市“南山竹海”；
拍摄者：张小开、孙媛媛；
拍摄时间：2016 年。

竹器名称：竹丝台灯；
主要功能：照明、装饰等；
产品尺寸：高 43cm，最大直径 39cm；

设计师：易春友、谭雪娇；
拍摄地：广东省广州市；
图片来源：http://www.naturebamboo.com/index.aspx；
拍摄时间：2015 年。

竹器名称：各式台灯；
主要功能：照明、装饰等；
产品尺寸：高度各异；
拍摄地：上海竹产业博览会；
拍摄者：张小开；
拍摄时间：2017 年。

竹器名称：竹编台灯；
主要功能：照明、装饰等；
产品尺寸：高度 30 ~ 50cm 不等；
拍摄地：浙江省安吉县中国竹子博物馆；
拍摄者：张小开、孙媛媛；
拍摄时间：2016 年。

竹器名称：竹皮台灯；
主要功能：照明、装饰等；
产品尺寸：高度 35cm；
拍摄地：浙江省安吉县中国竹子博物馆；
拍摄者：张小开、孙媛媛；
拍摄时间：2016 年。

竹器名称：竹丝台灯；
主要功能：照明、装饰等；
产品尺寸：高度45cm，灯罩直径15cm；
拍摄地：上海市；
拍摄者：十竹九造；
图片来源：http://www.madebamboo.com/；
拍摄时间：2016年。

竹器名称：竹筒台灯、竹丝台灯；
主要功能：照明、装饰等；
产品尺寸：高度各异；
拍摄地：杭州，其他不详；
拍摄者：不详；
图片来源：http://www.madebamboo.com/；
拍摄时间：2016年。

3.2 落地灯类

落地灯有一定的高度，要有一个或几个较长的支撑结构。各部件结构和台灯类似，如灯罩、灯杆、灯座等。照明的面积和整体高度要大于台灯，主要是用于座椅上的照明，同时也兼具室内较大面积的光空间氛围营造。

只要是在竹台灯上能够实现的灯罩造型，在竹落地灯上也能实现。如竹编灯罩、竹皮灯罩、竹丝灯罩、竹集成材灯罩等，但竹筒很难在落地灯上形成大的灯罩结构，很少有使用竹筒制作落地灯的灯罩。

竹纤维长且韧性强的优势满足了落地灯需较高的支撑结构的要求，竹制落地灯可使用竹竿、长竹片、长竹条或长竹丝等材料制作支撑结构，可设计下置或中置（落地灯的灯头不在最上面）落地灯，并使用较长竹材围合的外罩，形成特别的竹落地灯系列。

竹竿的支撑围合有中规中矩的四柱围合（截面矩形或方形）、六柱围合（六边形）等，也有竹竿交叉支撑的，如三根竹竿可以形成三足交叉支撑结构，还可以使用更多的竹竿和不同的交叉形式等。

竹片支撑与竹竿类似，但需要一定的厚度。竹片还有造型优势，一定厚度的竹片具有扭曲能力，竹片略带扭曲的造型有时能产生较好的美感。

竹条或竹丝需要有足够的数量才能支撑，只有足够数量的竹条或竹丝才能形成围合结构。同竹竿和竹片相比，竹条、竹丝的空间扭曲变形能力更强，塑形能力也更强。竹条或竹丝制作的落地灯往往具有丰富的造型特征和光影效果。

竹器名称：落地灯；
主要功能：照明、装饰等；
产品尺寸：不详；
设计制作：Hymont（中文名不详）；
拍摄地：江苏省南京市；
拍摄者：咔索工作室；
图片来源：http://www.zcool.com.html；
拍摄时间：2015 年。

竹器名称：竹器落地灯；
主要功能：照明、装饰等；
产品尺寸：高 135cm，灯罩直径 35cm；

拍摄地：浙江省杭州市；
拍摄者：不详；
拍摄时间：2016 年；

竹器名称：落地灯；
主要功能：照明、装饰等；
产品尺寸：高 168cm，最大直径 27cm；

设计师：易春友、谭雪娇；
拍摄地：广东省广州市；
图片来源：http: //www.naturebamboocom/index.aspx；
拍摄时间：2015 年。

竹器名称：落地灯；
主要功能：照明、装饰等；
产品尺寸：高 95cm，最大直径 35cm；

设计师：易春友、谭雪娇；
拍摄地：广东省广州市；
图片来源：http://www.naturebamboo.com/index.aspx；
拍摄时间：2015 年。

3.3 吊灯类

吊灯是室内空间光影关系的主导者、主光源，直接决定室内的光影氛围。

竹制吊灯不需要支撑结构和底座，只有遮光与透光的部件，竹编、竹片、竹皮、竹丝、竹筒以及竹集成材等材料在吊灯中都有广泛的应用。竹制吊灯不受支撑结构和部件造型、尺寸的限制。

（1）竹编吊灯

竹编吊灯现在在两方面有了突破：一是尺寸上的突破，可以编织一些大型的竹编造型，以装点和丰富较大室内空间；二是可以实现组合造型，即用零散的竹编部件，甚至竹编平面，组合成一个大的竹吊灯。分散的竹编可以形成丰富的吊灯光影效果。

（2）竹片吊灯或竹皮吊灯

竹片类或竹皮类吊灯在借鉴台灯灯罩的造型和设计思路的基础上，有更多的造型处理方法。吊灯不需要向上的支撑结构，相对柔软的竹皮材料可以从上吊起，自然下垂。可以制作更多的复杂造型，如卷曲竹皮自然下垂、“S”形曲线挂起等形式，可产生台灯或落地灯达不到的造型和光影效果。

(3) 竹丝吊灯

竹丝吊灯设计的自由度更高，可形成随机的光影效果。竹丝吊灯对不需要支撑的悬挂灯罩可以用竹条或竹丝制作，能组成更加复杂、多层的竹丝形态；由竹条或竹丝组成的造型可形成更大、更丰富的光影效果。

(4) 竹筒吊灯

竹筒吊灯使用竹筒切块，再组合成吊灯。如将竹筒削切成不同形状的半筒形、斜面形、竹环形以及竹片形，再把这些被分节的小型竹构件以一定的方式组合，形成一个模块或数个模块并变形使用，能制作结构饱满、造型丰富的竹吊灯。这类竹吊灯更像是竹材的打散重构。

（5）竹灯笼

竹灯笼是传统的灯具，使用竹编的框架，糊上纸或用油纸保护灯笼内的烛火。随着制作工艺的进步，竹灯笼的造型也有一定的变化，除了圆柱形外，还有球形、椭圆形、方形等。除使用竹编制作外，有的竹灯笼还采用竹丝螺旋展开结构、采用竹条做内部支撑结构等。

在现代，竹灯笼的照明功能已经不是最主要的，竹灯笼具有象征意义，使用竹灯笼可增加空间的文化氛围，传达一定的文化含义。

竹器名称：竹丝吊灯；
主要功能：照明、装饰等；
产品尺寸：直径 40cm，高 45cm；
设计师：张雷；
拍摄地：浙江省杭州市；
拍摄者：品物流形；
图片来源：http://www.pinwu.net；
拍摄时间：2013 年。

竹器名称：竹丝吊灯；
主要功能：照明、装饰等；
产品尺寸：直径 20 ~ 45cm；

拍摄地：上海市；
拍摄者：十竹九造；
图片来源：http://www.madebamboo.com/；
拍摄时间：2016 年。

竹器名称：竹灯笼；
主要功能：照明、装饰；
产品尺寸：高约 50cm，直径 35cm；

拍摄地：江苏省南京市；
拍摄者：张小开、孙媛媛；
拍摄时间：2015 年。

竹器名称：竹皮吊灯；
主要功能：照明、装饰等；
产品尺寸：尺寸大小不一；

拍摄地：浙江省温州市；
拍摄者：不详；
拍摄时间：2014 年。

竹器名称：竹编吊灯；
主要功能：装饰、照明等；
产品尺寸：直径 80 ~ 150cm 不等；
拍摄地：浙江省安吉县中国竹子博物馆；
拍摄者：张小开、孙媛媛；
拍摄时间：2016 年。

竹器名称：竹编吊灯；
主要功能：装饰、照明等；
产品尺寸：直径 100 ~ 120cm 不等；
拍摄地：浙江省安吉县中国竹子博物馆；
拍摄者：张小开、孙媛媛；
拍摄时间：2016 年。

第4章 竹家具

竹家具是使用竹材制作的家具。竹家具既是家具的重要类别，也是竹产品的一个重要类别。竹家具可分为竹凳类、竹椅类、竹桌类、竹几类、竹柜类、竹床类、竹榻类、竹沙发类、竹架类及组合家具类等类型。

竹家具的制作材料有竹竿、竹条（竹片）、竹板、竹席等，偶见使用竹编，使用竹丝类的更少。竹竿家具、竹条家具一般是使用大小竹竿或竹片围合而成，或者两者搭配使用，用竹竿制作框架，用竹片制作平面和立面。竹板等竹集成材家具是现代新型竹家具的代表，即先将传统竹材转变为标准化尺寸的竹板型材，再对竹板型材进行二次加工，最后按传统木家具的制作手法制作家具。竹席家具是使用竹席围合已有的家具框架，是竹席和竹竿、竹板材相结合的竹家具。与现代生活结合来制作竹家具，是传统竹家具向现代竹家具转型的一个重要方向。

序号	类别	包含种类
1	竹凳类	小凳、杌凳、花鼓凳、折叠竹凳等。
2	竹椅类	靠背小竹椅、竹编靠背椅、竹圈椅、竹躺椅、母子椅、儿童椅、禅椅、长椅等。
3	竹桌类	方桌、圆桌、月牙桌、六角桌、茶桌、条桌等。
4	竹几类	方几、长几、花几。
5	竹柜类	橱柜、茶柜等。
6	竹床类	婴儿摇篮、婴儿床、摇床、纳凉竹床、带围栏竹床、架子床等。
7	竹榻类	竹榻。
8	竹沙发类	单人沙发、双人沙发。
9	竹架类	鞋架、书架、花盆架、挂衣架等。
10	其他	组合竹家具。

4.1 竹凳类

竹凳类家具常见的有杌凳、花鼓凳、折叠竹凳、竹板凳等。

最能体现传统的竹凳类家具是杌凳，杌凳选用两根较大竹竿，并分别对两根竹竿各开两个切口，然后热弯成杌凳侧面的“冂”形支撑结构，再用两根竹竿连起侧面“冂”形支撑，在“冂”形内使用竹片枨支撑，椅面使用竹片密排制成。

花鼓凳借鉴藤制凳的造型，其外形像鼓形，凳面下的圈脚中间使用椭圆形结构。藤条比竹竿更易制成圆形或椭圆形，因此一般使用藤条制作花鼓凳。但也有使用竹竿和竹编制作的，即将竹竿热弯成型后，制成椭圆形的支撑结构、圆形的凳面和圈脚等框架，再以竹编或竹席支撑凳面。还有一种竹凳使用长竹竿或竹片热弯成连续的波浪形造型制作其中间支撑结构。

折叠竹凳和竹板凳是全部使用竹板材制作的竹凳。其中竹板凳和普通的木质板凳造型一致，采用一块竹板做凳面，使用四根竹板做腿，这类竹板类制作方法简单、使用方便。

折叠竹凳则是在竹板材制作的凳子的基础上，按照木质折叠形式制作。一般凳腿为“×”形，凳面一分为二，为两块竹板。折叠竹板凳是十分方便的生活小家具，不用时可以折叠。将其放大到和桌面一样大小，就是折叠竹桌。

竹器名称：折叠竹凳；
主要功能：休息用、休闲用等；
产品尺寸：直径 30cm，高 10cm；
拍摄地：安徽省合肥市宿州路；
拍摄者：张小开、孙媛媛；
拍摄时间：2016 年。

竹器名称：杌凳；
主要功能：休息用；
产品尺寸：长 27cm，宽 24cm，高 24cm；
拍摄地：江苏省苏州市；
拍摄者：不详；
图片来源：https://shop105458210.taobao.com；
拍摄时间：2016 年。

竹器名称：花鼓凳；
主要功能：休息等；
产品尺寸：直径 35cm，高 40cm；

拍摄地：浙江省杭州市；
拍摄者：不详；
拍摄时间：2016 年。

4.2 竹椅类

竹椅类竹器主要有靠背小竹椅、竹编靠背椅、竹圈椅、竹躺椅、母子椅、儿童椅、禅椅等。

竹椅是竹家具中品种最多、使用最广泛的竹器。有在机凳基础上发展而来的靠背竹椅，有供儿童使用的儿童椅、多功能可翻转的母子椅以及依照木质家具设计制作的竹圈椅、竹制躺椅等，还有一种似桌不是桌的禅椅。

（1）靠背小竹椅

靠背小竹椅有竹制的靠背，偶见扶手，基本上以竹竿和竹片制作的以靠背为主要特征的竹椅。靠背小竹椅尺寸不大，方便移动。椅面高度在30cm上下，靠背的高度在40cm上下，也有竹椅因特别需要而设计成比较高的靠背。

靠背小竹椅使用广泛，在传统竹产区几乎家家户户都有。靠背小竹椅取材方便、成本低廉、制作简单、移动方便、结实耐用，且越用光泽越好。靠背的造型和制作方法各地略有差异，但它们仍属于同一类竹椅。

（2）竹编靠背椅

竹编靠背椅制作工艺比较复杂，竹椅的框架结构使用竹竿搭建，椅面和靠背、扶手则使用竹编。编织完成的竹椅，其扶手、靠背、椅面浑然一体。这种竹椅具有较好的舒适性。

（3）竹圈椅

竹圈椅一般都是借鉴明代圈椅的造型，使用竹竿热弯成型制作而成，因此其框架与造型与明代圈椅类似，在靠背板装饰、腿枨上发挥竹材优势。大量用长竹竿弯曲围合，在重点结构上采用双竿或多竿重复加强处理。竹圈椅最能展现明代圈椅的造型特征和气质。

（4）竹躺椅

竹躺椅兼有竹椅和竹床两种家具形式，是大型的竹椅。竹躺椅的靠背具有较大的倾斜角度，与椅面形成135°左右，为了方便休息，有的竹躺椅还在靠背上端设置了竹枕结构。竹躺椅的框架是使用大竹竿切口后的弯曲结构，椅面及靠背部分使用竹片排列。常见的竹躺椅有一体式和分体式两种：一体式竹躺椅为整体；分体式竹躺椅分成两段，脚踏部分可以单独使用，需要时将竹榻部分收起来。

竹躺椅一般有扶手，扶手有简单的单层结构，也有复杂的双层或多层结构。

（5）儿童椅和母子椅

用来供儿童使用的竹椅有两种常见形式：一种是单一的座椅，一种是大人、小孩共用的母子椅。

儿童椅一般是内置椅，即座椅在竹椅的最里面，竹椅外围有一圈围合保护结构，以保护儿童或婴儿不致于摔落。因此其采用内置椅面的结构，没有靠背，但是有身前的阻挡结构，用以固定儿童。正面是平面结构，方便小孩喝水、吃饭以及玩耍时放置杯具、餐具和玩具。儿童椅尺寸较小，方便移动。有的地区给儿童椅装上轮子，变成儿童车，能方便地带着孩子走动。

母子椅是江浙、福建一带常见的儿童竹椅形

式，除了常见的造型外，还在儿童椅的侧面设置椅面，使用时正面朝上。大人使用时翻转椅面，侧面朝上就变成大人可坐的高足凳，一椅两用。

（6）禅椅

禅椅是特别的一种椅子。没有靠背，像尺寸很大的矮方桌。高度很低，只有 20cm 左右；宽度却有 60cm 见方。这种竹器最合适人在其上面盘坐，故称之为禅椅。

竹器名称：竹椅；
主要功能：休息用；
产品尺寸：长 28cm，宽 27cm，面高 27cm，总高 60cm；
拍摄地：江苏省苏州市；
拍摄者：不详；
图片来源：https://shop105458210.taobao.com；
拍摄时间：2016 年。

竹器名称：竹椅；
主要功能：休息用；
产品尺寸：长 40cm，宽 31cm，椅子面高 37cm，总高 72cm；
拍摄地：江苏省苏州市；
拍摄者：不详；
图片来源：https://shop105458210.taobao.com/；
拍摄时间：2016 年。

竹器名称：扶手竹椅；
主要功能：休息用；
产品尺寸：长 48cm，宽 38cm，椅子面高 50cm，总高 108cm
拍摄地：江苏省苏州市；
拍摄者：不详；
图片来源：同上；
拍摄时间：2016 年。

竹器名称：扶手竹椅；
主要功能：休息用；
产品尺寸：长 49cm，宽 37cm，椅面高：49cm，总高 88cm；
拍摄地：江苏省苏州市；
拍摄者：不详；
图片来源：https://shop105458210.taobao.com；
拍摄时间：2016 年。

竹器名称：儿童竹椅（竹制藤面）；
主要功能：固定儿童用；
产品尺寸：高 75cm，长 75cm，宽 46cm；

拍摄地：江苏省苏州市；
拍摄者：不详；
图片来源：https://shop105458210.taobao.com/；
拍摄时间：2016 年。

竹器名称：儿童竹椅；
主要功能：固定儿童用；
产品尺寸：长 58cm，宽 42cm，椅子；
面长 54cm，宽 35cm ；
拍摄地：江苏省苏州市；
拍摄者：不详；
图片来源：https://shop105458210.taobao.com/；
拍摄时间：2016 年。

竹器名称：儿童竹椅；
主要功能：固定儿童用；
产品尺寸：长 49cm，宽 42.5cm，高 70cm；
拍摄地：浙江省宁波市；
图片来源：中华古玩网。
拍摄时间：2015 年。

竹器名称：母子椅；
主要功能：供婴儿使用，可翻转成凳；
产品尺寸：高 45cm，长 45cm，宽 33cm；
拍摄地：福建省南平市；
拍摄者：不详；
图片来源：https://shop35787565.taobao.com/；
拍摄时间：2016 年。

竹器名称：禅椅；
主要功能：休息用；
产品尺寸：长 60cm，宽 60cm，高 20cm；
拍摄地：福建省南平市；
拍摄者：不详；
图片来源：https://shop35787565.taobao.com；
拍摄时间：2016 年。

竹器名称：户外桌椅；
主要功能：休息等；
产品尺寸：桌子长 120cm，宽 70cm，高 75cm；
椅宽 50cm，高 80cm，深 50cm；

拍摄地：浙江省安吉县中国竹子博物馆；
拍摄者：张小开、孙媛媛；
拍摄时间：2016 年。

竹器名称：儿童推车；
主要功能：供儿童乘坐；
产品尺寸：（左图）高 80cm，宽 35cm，长 50cm；
（右图）长 90cm，展开长度 110，高 90cm，50cm；

拍摄地：四川省遂宁市；
拍摄者：不详；
拍摄时间：2016 年。

竹器名称：婴儿座椅；
主要功能：固定婴儿用；
产品尺寸：口径约 30cm，高 45cm，宽 40cm；
拍摄地：四川省遂宁市；
拍摄者：不详；
拍摄时间：2016 年。

竹器名称：竹编靠背椅；
主要功能：休息、休闲；
产品尺寸：高 75cm，宽 60cm，长 55cm；
拍摄地：四川省上里古镇；
拍摄者：陈晨；
拍摄时间：2016 年。

竹器名称：折叠躺椅；
主要功能：休息用；
产品尺寸：高 90cm，宽 60cm，长 80 ~ 140cm；
拍摄地：湖南省岳阳市；
拍摄者：不详；
拍摄时间：2016 年。

竹器名称：竹躺椅；
主要功能：休息、户外用；
产品尺寸：最长160cm，高60cm，宽50cm；
拍摄地：福建省南平市；
拍摄者：不详；
图片来源：https://taobao.com；
拍摄时间：2016年。

竹器名称：竹躺椅；
主要功能：休息等；
产品尺寸：长 80cm，高 70cm，宽 60cm；

拍摄地：湖南省怀化市；
拍摄者：张小开、孙媛媛；
拍摄时间：2016 年。

竹器名称：竹椅、竹几；
主要功能：休息、放置小物件等；
产品尺寸：椅子高100cm，宽60cm，深50cm；
竹几45cm见方，高60cm；
拍摄地：浙江省安吉县中国竹子博物馆；
拍摄者：张小开、孙媛媛；
拍摄时间：2016年。

竹器名称：竹圈椅；
主要功能：休息；
产品尺寸：长 53cm，宽 41cm，高 95cm；
拍摄地：上海市；
图片来源：中华古玩网；
拍摄时间：2016 年。

竹器名称：组合椅（一）；
主要功能：休息等；
产品尺寸：单人椅宽 100cm，高 80cm，深 60cm；
双人椅宽 200cm，高 80cm，深 60cm；

拍摄地：浙江省安吉县中国竹子博物馆；
拍摄者：张小开、孙媛媛；
拍摄时间：2016 年。

竹器名称：组合椅（二）；
主要功能：休息等；
产品尺寸：单人椅宽 100cm，高 80cm，深 60cm；
双人椅宽 200cm，高 80cm，深 60cm；

拍摄地：浙江省安吉县中国竹子博物馆；
拍摄者：张小开、孙媛媛；
拍摄时间：2016 年。

竹器名称：长椅、圆椅；
主要功能：休息等；
产品尺寸：长 800cm，高 80cm，厚 60cm；
直径 300cm，高 80cm；
拍摄地：浙江省安吉县中国竹子博物馆；
拍摄者：张小开、孙媛媛；
拍摄时间：2016 年。

4.3 竹桌类

竹桌类竹器主要有竹方桌、竹圆桌、竹月牙桌、竹六角桌、竹茶桌、竹条桌。

竹桌的构件相对简单，由桌面、桌面下围挡结构、桌腿、腿枨构成等。竹桌可当茶桌、饭桌、搁物桌等。桌面有方形、圆形、多边形和月牙形（半圆形）等造型。

竹桌的制作方法是先将竹竿热弯制成竹桌的框架结构，再用竹片密排或用竹席制作桌面。现代竹板材出现后，竹桌的制作工艺有很大变化，竹桌的制作工艺开始采用类似木桌的加工技术，省去了竹材热弯成型及排列竹片、编织竹席的繁琐工序。

（1）竹方桌

竹方桌是最常见的竹桌形式，以竹竿为腿，以竹片密排制成桌面，桌面外围使用竹竿围合。复杂的方桌则还在桌面下的围挡上设计一定的造型和装饰图案。竹桌一般还配有竹椅或竹条凳等，竹桌椅的组合在四川、浙江等地很常见。

（2）竹圆桌

竹圆桌的制作工艺和竹方桌没有太大的区别，但桌面是圆形的。为了配合圆形桌面，竹圆桌的桌腿枨杆一般也设计成圆形，和桌面上下呼应，形成完整的“圆桌”形象。竹圆桌多出现在休闲场合，因此少了方桌的严肃和规范，多了一份闲情逸致。

（3）竹月牙桌

将竹圆桌切半则得到半圆形的竹月牙桌。竹月牙桌一般是四柱结构，两条腿在直径的两端，另两条腿在圆弧的三分点上。其制作工艺和其他竹桌一致。竹月牙桌可贴墙放置，上面可放生活用品或花瓶、花篮等装饰性物品。月牙桌在功能上与竹几类似。

（4）竹茶桌

竹茶桌以长方形为主，桌面较矮，40cm 左右。造型较自由，也不用考虑茶桌的承重能力，因此可适当增加一些装饰。竹茶桌往往使用湘妃竹为材料，以烘托氛围。

竹器名称：竹茶桌；
主要功能：喝茶用；
产品尺寸：长 62cm，宽 22cm，高 37cm；
拍摄地：浙江省湖州市；
拍摄者：不详；
拍摄时间：2016 年。

竹器名称：竹桌椅；
主要功能：吃饭用等；
产品尺寸：80cm见方，高60～70cm；
拍摄地：安徽省六安市；
拍摄者：不详；
拍摄时间：2016年。

竹器名称：竹集成板桌；
主要功能：放置物品等；
产品尺寸：桌面 60cm 见方，高 35cm；
拍摄地：浙江省丽水市；
拍摄者：不详；
拍摄时间：2017 年。

竹器名称：折叠桌；
主要功能：放置物品等；
产品尺寸：桌面 55cm 见方，高 55cm；
拍摄地：湖南省岳阳市；
拍摄者：不详；
拍摄时间：2016 年。

竹器名称：户外桌椅；
主要功能：休息等；
产品尺寸：桌子长 180cm，高 65cm，宽 60cm；
椅子长 90cm，高 40cm，宽 30cm；

拍摄地：浙江省安吉县中国竹子博物馆；
拍摄者：张小开、孙媛媛；
拍摄时间：2016 年。

竹器名称：长椅；
主要功能：休息等；
产品尺寸：长 450cm，高 50cm，厚 50cm；

拍摄地：浙江省安吉县中国竹子博物馆；
拍摄者：张小开、孙媛媛；
拍摄时间：2016 年。

竹器名称：竹月牙桌、花几；
主要功能：放置花盆、小物件；
产品尺寸：直径 95cm，高 80cm；

拍摄地：河北邢台市；
图片来源：中华古玩网；
拍摄时间：2016年。

竹器名称：竹桌椅；
主要功能：休息等；
产品尺寸：桌子直径 120cm，高 70cm；椅子直径 40cm，高 50cm；
拍摄地：浙江省安吉县中国竹子博物馆；
拍摄者：张小开、孙媛媛；
拍摄时间：2016 年。

4.4 竹几类

竹几类竹器主要有方几、长几、茶几、花几等。

竹几比竹桌要小，造型更为自由，可根据功能的需要自由设计，竹几和竹桌在工艺上也没有差别。竹几有方几和长几等，按功能分则有茶几、花几、案几等。

茶几是饮茶及配合座椅或沙发使用的，高度一般在40cm左右，几面尺寸变化较大。花几用来放置花盆，高度均为100～120cm，几面较小。案几是在室内当装饰品用，几面呈长条形，高度约为70～140cm。

竹器名称：竹几；
主要功能：放置物品等；
产品尺寸：高90cm，几面50cm见方；
拍摄地：上海市竹博会；
拍摄者：张小开、蒋兰；
拍摄时间：2006年。

竹器名称：六角竹几；
主要功能：放置茶具或小物件；
产品尺寸：最大直径 42cm，高 28cm；

拍摄地：河北邢台市；
图片来源：中华古玩网；
拍摄时间：2016 年。

竹器名称：竹几；
主要功能：用于户外喝茶、吃饭；
产品尺寸：长 100cm，高 70cm，宽 50cm；

拍摄地：福建省南平市。
拍摄者：不详；
图片来源：https://shop35787565.taobao;
拍摄时间：2016 年。

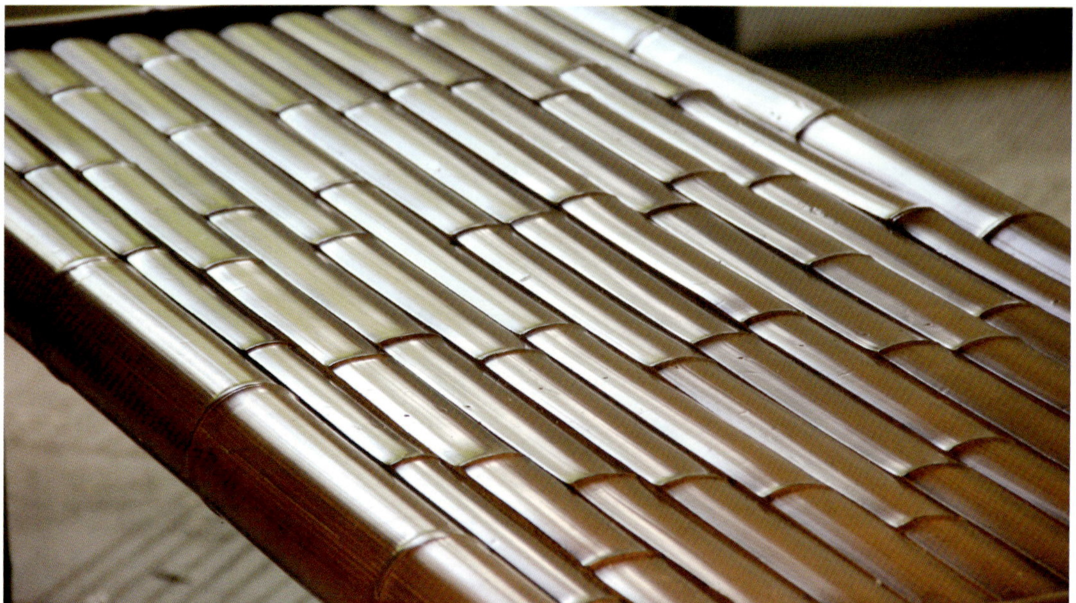

竹器名称：竹几；　　拍摄地：浙江省安吉县中国竹子博物馆；
主要功能：放置小物件等；　　拍摄者：张小开、孙媛媛；
产品尺寸：长 100cm，高 50cm，宽 50cm；　　拍摄时间：2016 年。

4.5 竹柜类

竹柜是使用竹材制成的柜子，其五面围合，一面开门，使用大面积的平面实体结构，分单开门和双开门。竹柜分为竹书柜、竹碗柜、竹衣柜、竹鞋柜、竹茶柜等。

（1）竹橱柜

传统橱柜使用大竹竿制作外围框架，高度在160cm左右，宽度在80cm左右，厚度在40～50cm。每个面使用密排的竹片围挡，正面开门，一般是双开门，内置两层储物空间。中层的透气柜部分使用较宽的竹片竖向或横向排列，不需要严丝合缝，可留有缝隙。该层底板可以使用竹片稀疏排列，也可以密排竹片形成较严实的底。橱柜为多层结构，上层为密闭围合结构，存放碗、盘等餐饮器具和需封闭保存的食物；中层是半密闭的围合结构，用于存放需要通风透气的食物或餐具等；下层悬空至地面，是储物部分，这部分离地较高，既能保证橱柜的干净和安全，又能方便拿取物品。

现代竹板材常用于制作书柜、床头柜和衣柜等家具，很少用来制作橱柜。现在橱柜已逐渐被冰箱所代替。

（2）竹茶柜

竹茶柜比竹橱柜要小，茶柜高60cm左右，主要盛装茶具，没有密封保存的需要，承重要求不高。竹茶柜使用竹竿制作，没有特别的大竹围合支撑结构，其造型精细，部分茶柜用湘妃竹制作。

（3）书柜

书柜用于放置书本等物品，也可以用来做博古架，放置器物和小物件。竹书柜与普通书柜大小相似，高200cm左右，宽80cm左右，厚30cm左右。书柜对承重要求较高，需要使用具有较好承载力的大竹竿，或者用竹板材和较厚的竹集成材制作。竹书柜形式多样，既有分层造型，也有博古造型。

竹器名称：竹书柜；
主要功能：储物；
产品尺寸：宽 120cm，厚 45cm，高 200cm；
拍摄地：浙江省安吉县中国竹子博物馆；
拍摄者：张小开；
拍摄时间：2007 年。

竹器名称：竹橱柜；
主要功能：储物；
产品尺寸：宽 79cm，厚 42cm，高 150cm；

拍摄地：浙江省杭州市；
拍摄者：不详；
拍摄时间：2016 年。

竹器名称：竹茶柜；
主要功能：储放饮茶器具等；
产品尺寸：高 58.5cm，宽 45cm，厚 26cm；
拍摄地：湖北省武汉市；
拍摄者：不详；
拍摄时间：2016 年。

竹器名称：竹衣柜；
主要功能：储物；
产品尺寸：宽 60cm，厚 45cm，高 140cm；

拍摄地：浙江省安吉县中国竹子博物馆；
拍摄者：张小开；
拍摄时间：2007 年；

4.6 竹床类

竹床常见的有婴儿摇篮（婴儿床的一种形式）、婴儿床、纳凉竹床、带围栏竹床以及架子床等，其中竹制架子床体积最大，规格最高。

（1）婴儿摇篮

摇篮是婴儿用的微型竹床。有两种类型：一种是吊起来的摇篮，一种是可在地面上摇晃的摇篮。吊起来的摇篮尺寸小巧，长约60cm，采用竹编编织，部分摇篮带有保护婴儿头部的围合结构。这种摇篮适合1岁以下的婴儿使用，为此将其设计得小巧精致，方便移动。第二种摇篮尺寸较大，使用竹竿作为支撑结构，可供4～5岁左右儿童使用，长100～120cm，宽60cm左右，腿部装有圆弧状的腿枨，可以轻摇竹床。围栏一般不使用竹编，而使用竹竿或竹片。这种摇篮移动不太方便。

（2）纳凉竹床

纳凉竹床在南方竹产区使用广泛，较常见的是使用和杌凳同样制作方法与制作工艺的竹床，即采用将竹竿开口再将其热弯成型制作成的“门”形侧面支撑结构，最后在床面使用密排竹片。纳凉竹床的造型和结构简单，重量较轻。

（3）带围栏竹床

带围栏竹床是一种结构较复杂的竹床，它有三面的围合结构，更有“榻”的感觉。这类竹床不适合频繁搬动，适合放在廊内、亭内或者放在有较大空间的室内。其围栏既有粗制的，也有精制的。

（4）架子床

架子床就是上架设四柱、四杆的床。有的在两端和背面设有三面栏杆，有的迎面安置门罩，也有在前面设踏步并加设罩等。竹架子床使用竹竿制作，承重部分则用多重围合以增加承重能力。其围合结构一般制作出镂空的装饰纹样，有的架子床还设置竹制的脚踏等附件。

竹器名称：竹摇篮；
主要功能：儿童睡觉用；
产品尺寸：长 108cm，宽 48cm，高 58cm；

拍摄地：湖南省常德市；
图片来源：中华古玩网；
拍摄时间：2016 年。

竹器名称：婴儿床；
主要功能：婴儿睡觉用；
产品尺寸：最长处 90cm，宽 45 ~ 50cm；

拍摄地：安徽省六安市；
拍摄者：张小开、孙媛媛；
拍摄时间：2016 年。

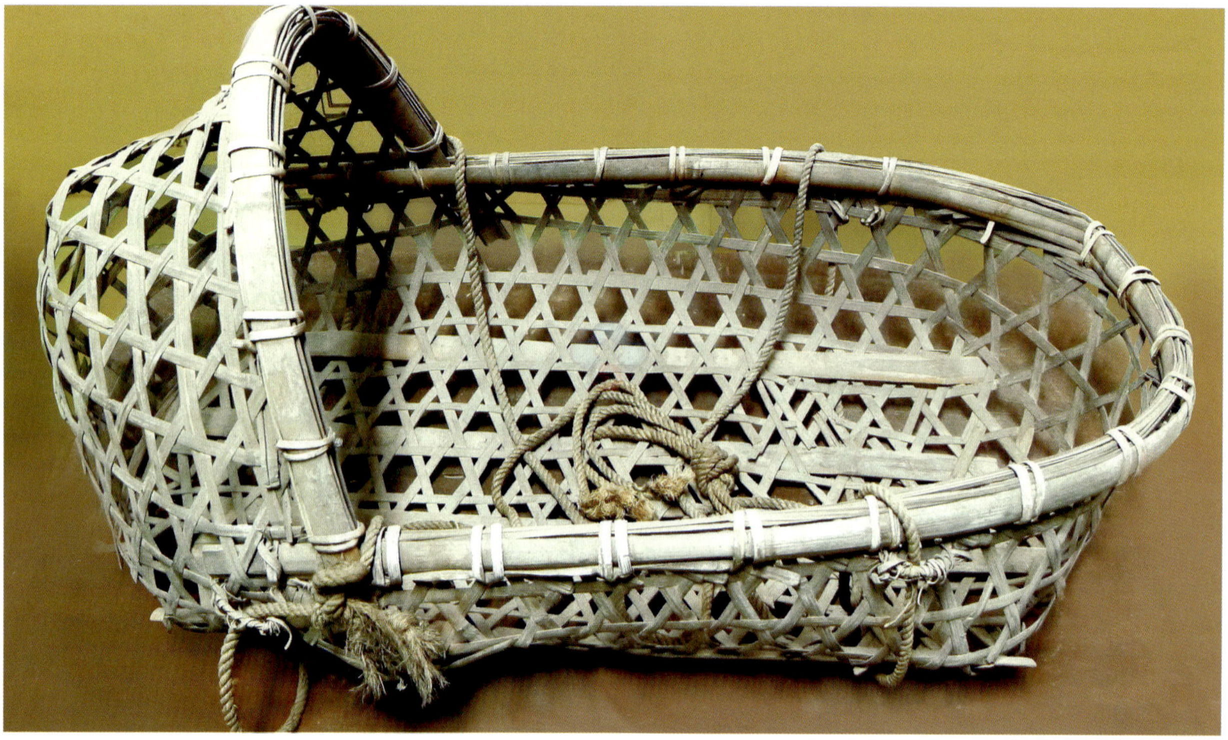

竹器名称：婴儿吊床；
主要功能：婴儿睡觉用；
产品尺寸：长 60cm，宽 30cm，高 30cm；
拍摄地：台湾省新竹县；
拍摄者：不详；
图片来源：http://archives.hakka.gov.tw/index.php；
拍摄时间：2010 年。

竹器名称：纳凉竹床；
主要功能：纳凉、休息用；
产品尺寸：长约200cm，宽90cm，高50cm；
拍摄地：湖南省常德市；
拍摄者：张小开、孙媛媛；
拍摄时间：2016年。

竹器名称：带围栏竹床；
主要功能：纳凉、休息用；
产品尺寸：长 196cm，宽 118cm，高 65cm；
拍摄地：江苏省苏州市；
图片来源：中华古玩网；
拍摄时间：2016 年。

竹器名称：拼插竹床；
主要功能：休息、户外用；
产品尺寸：长 170cm，宽 55cm，最高 40cm；
拍摄地：福建省南平市；
拍摄者：不详；
图片来源：https://shop35787565.taobao.com/；
拍摄时间：2016 年。

竹器名称：现代竹床；
主要功能：休息用；
产品尺寸：长约 200cm，宽 180cm，高 50cm；
拍摄地：（上图）北京、（下图）四川青神县；
拍摄人：不详；
拍摄时间：（上图）2016 年，（下图）2007 年。

4.7 竹塌类

竹榻是床的一种形式，是竹家具的一种。竹榻用竹杆制成精致的三面围合结构。竹榻类竹器的整体造型借鉴了木质榻。

竹器名称：竹榻；
主要功能：休息用；
产品尺寸：椅宽 180cm，高 80cm，深 100cm；
拍摄地：四川成都杜甫草堂；
拍摄者：张小开、孙媛媛；
拍摄时间：2016 年。

竹器名称：竹榻；
主要功能：休息用；
产品尺寸：椅宽 180cm，高 80cm，深 60cm；

拍摄地：浙江省安吉县中国竹子博物馆；
拍摄者：张小开、孙媛媛；
拍摄时间：2016 年。

4.8 竹沙发类

竹沙发类竹器主要有单人沙发、双人沙发、组合沙发等。

沙发是现代家具的一种，传统竹家具分类中没有沙发。竹制沙发是采用现代竹材加工工艺制作而成的，其中有圆竹沙发和竹板材沙发等。

圆竹沙发是用大竹竿等材料作为原材料，将竹竿组合成沙发的支撑结构，在其上面铺设竹片板或竹竿，再铺设软垫。圆竹沙发能体现竹材的原始形态，竹制特色鲜明，圆竹沙发较轻。由于竹竿尺寸不一致，圆竹沙发标准化生产的难度较大，只能用半手工制作。

竹集成材沙发是利用竹集成板材等型材为原材料制作的沙发，这类沙发按照板式家具的特点设计制作，具有方正、直线形态。它利用竹板设计制作沙发的框架，再铺设软垫，制作工序简单。原材料是标准化型材，可以批量化和标准化生产。竹集成材沙发只能体现竹材的肌理效果，却无法体现竹材的形态特点。用竹板材制作的竹沙发较重。

(1) 竹制单人沙发

竹制单人沙发的特点是有宽大的扶手和低矮的椅面。竹制单人沙发需要较大的竹竿或多个竹竿并列制作扶手。而以竹板材为原料的单人沙发则直接用材料围合成宽厚的扶手即可。

(2) 竹制双人沙发和多人沙发

竹制多人沙发的支撑结构需要使用大竹竿拼接，用传统的竹榫卯连接工艺或现代的五金方式连接。沙发靠背和椅面可以使用竹竿拼成，也可以使用密排竹片制成。

竹板材多人沙发使用板材连接工艺或榫卯结构制作沙发的支撑结构和框架，沙发靠背和椅面则直接使用竹板。

组合沙发是由多人沙发和单人沙发等组合的一种形式，以满足不同空间或功能的需要。

竹器名称：竹沙发与茶几；
主要功能：休息用；
产品尺寸：长 180cm，高 80cm，厚 80cm；
拍摄地：福建省南平市；
拍摄者：不详；
图片来源：https://shop35787565.taobao.com;
拍摄时间：2016 年。

竹器名称：单人沙发；
主要功能：休息、休闲等；
拍摄地：浙江省安吉县中国竹子博物馆；
拍摄者：张小开、孙媛媛；
拍摄时间：2016年。

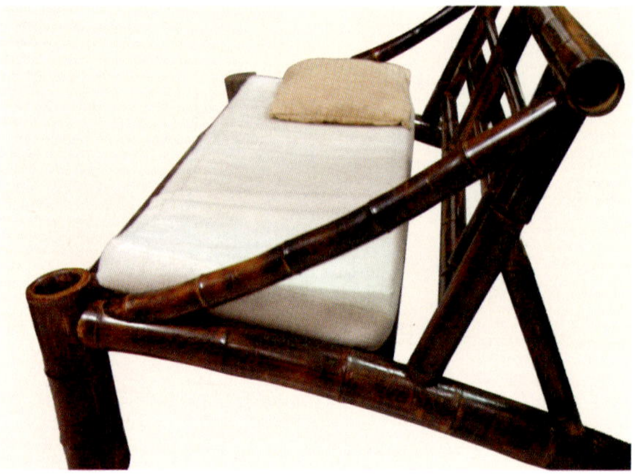

竹器名称：原竹组合沙发与茶几；
主要功能：休息、休闲等；
拍摄地：浙江省安吉县；
拍摄者：张小开、孙媛媛；
拍摄时间：2007 年。

4.9 竹架类

竹架是竹制的搁物家具，分鞋架、书架、花架和挂衣架等。架类家具不需要严密的围合结构，也不需要方正的结构。架类家具有更多的表现形式，其制作材料既可以选用竹竿、竹片、竹席、竹编等传统竹材，也可以选用竹板材等现代型材。

其造型和制作工艺和前述几种竹制家具一致。

竹器名称：书架；
主要功能：放书用；
产品尺寸：宽 85cm，厚 35cm，高 170cm；
拍摄地：河北省邢台市；
图片来源：中华古玩网；
拍摄时间：2016 年。

竹器名称：各式竹架；
主要功能：搁物、装饰等；
产品尺寸：高 130 ~ 140cm，长 70cm，宽 30 ~ 35cm；
拍摄地：江苏省苏州市；
拍摄者：不详；
图片来源：https://shop105458210.taobao.com；
拍摄时间：2016 年。

竹器名称：小竹架；

主要功能：搁物、装饰等；

产品尺寸：高 97cm，长 60cm，宽 28cm；

拍摄地：江苏省苏州市；

拍摄者：不详；

图片来源：https://shop105458210.taobao.com;

拍摄时间：2016 年。

竹器名称：鞋架；
主要功能：放鞋等；
产品尺寸：高 65cm，宽 60cm，厚 25cm；

拍摄地：湖南省岳阳市；
拍摄者：张小开；
拍摄时间：2016 年。

竹器名称：挂衣架；
主要功能：晾晒衣服用；
产品尺寸：高 200cm，底边长 45cm ；
拍摄地：福建省南平市；

拍摄者：不详；
图片来源：https://shop35787565.taobao.com;
拍摄时间：2016 年。

竹器名称：花盆架；
主要功能：放置花盆用；
产品尺寸：高 90cm，17cm 见方；
拍摄地：福建省南平市；
拍摄者：不详；
图片来源：https://shop35787565.taobao.com；
拍摄时间：2016 年。

4.10 组合家具类

竹制组合家具既是竹家具的最完整形式，也是现代家具的一种，适合用现代标准化竹型材来制作，能够做到模块和尺寸的统一，而不用考虑竹材差异。

常见的竹组合家具主要有客厅组合竹家具、书房组合竹家具、卧室组合竹家具等。

竹器名称：组合家具；
主要功能：居家；
产品尺寸：尺寸不一，可定制；
拍摄地：江苏省溧阳市、江苏省徐州市；
拍摄者：张小开、苏媛媛；
拍摄时间：2016年。

第5章 生产竹器

竹制生产工具是指应用到各种生产中的竹器，在传统的农耕、纺织、捕鱼、商品买卖、茶业生产等方面应用居多，在现代生产中应用较少。本书列举了40余种生产类竹器，其中农耕生产类的最多，可见竹器在农耕时代对生产的辅助作用很大。

从制作工艺来看，生产竹器使用竹编编织的较多，使用竹竿和竹片制作的较少，用竹集成材为材料制作的生产竹器几乎没有。可见竹材在传统生产中应用较多，在现代生产中应用较少。用竹集成材制作的竹器多为家具、生活器具、室内装饰用品等，很少用于生产领域。

序 号	类 别	包 含 种 类
1	农耕类	簸箕、竹耙、笊篱、圆簸箕、竹筛、竹畚、竹箩、竹筐、竹笼、水车、牛轭、牛嘴兜、秧篦、龟壳、连枷、掼床、竹斗、伴桶、晒席、竹缸盖、长柄深箕、镰刀篓、畚箕等。
2	纺织类	竹纺车、织布机、织布竹制工具等。
3	渔具类	网梭、网则、小捕鱼罾、鱼篓、鱼罩、虾笼、鳝笼。
4	商品买卖类	骆驼担、摆货筐等。
5	茶业生产类	烘茶筐、采茶篓等。
6	其他	竹梯、各式扁担、竹制自发声装置、车载竹笼、竹绳等。

5.1 农耕类

农耕类竹器主要有簸箕、竹耙、笊篱、圆簸箕、竹畚、竹箩、竹筐、竹笼、水车、牛轭、牛嘴篼、秧篦、龟壳、连枷、竹斗、伴桶、晒席、竹缸盖、长柄深箕、镰刀篓、畚箕等。

农耕类竹器在生产竹器中占比最大，涉及传统农业生产的各个环节，包括播种、出苗、移栽、出谷、收割、运送、脱粒、晒谷、收集、处理等过程。随着现代农业的发展，传统竹工具已被逐步淘汰，部分竹器只能从农业博物馆里才能看到。

(1) 簸箕

簸箕是在我国使用数千年的传统竹编器物，在新石器时期的遗址中就有发现，商周时期的铜矿遗址中也出土过竹器实物。

簸箕采用竹编工艺编织而成，编织面无孔，

外加竹片围合成方形、圆形、“门”形、梯形等不同形状。方形、梯形簸箕因需要双手把持，尺寸不大，双手把持的距离为 30 ～ 60cm。圆形簸箕有多种尺寸，有一种大型簸箕专门用于晾晒农作物，其直径为 150cm 左右，甚至更大。常见的圆形的小簸箕的直径为 30cm 左右。

小型簸箕的底面无需特别的支撑，有十字形竹片支撑就可以，但大型竹簸箕则需要“井”字形大竹片并配合放射形竹片进行支撑。

竹簸箕虽然造型简单，却十分实用。除了播扬杂物、盛装粮食，还可晾晒物品、养蚕等。竹簸箕除了不能盛液体，其他物品都能盛装。

竹簸箕除了具有传统的使用功能外，人们发现其还具有装饰功能，特别是用其作为门头装饰和指示性装饰功能。这里的竹簸箕具有象征意义，其装饰功能大于实用功能。

(2) 长柄簸箕与畚箕

长柄簸箕和畚箕基本上都是簸箕的延伸。

长柄簸箕是在簸箕的基础上安装一个竹柄，竹柄不长，80cm 左右，以方便拿握。长柄簸箕与簸箕的功能基本相似，使用方便，不用弯腰就能操作，但不适合用来扬谷。

畚箕是在簸箕的基础上增加了长提梁，以方便肩挑。一般用于运送泥土、肥料等农用材料。

(3) 竹耙和笊篱

竹耙和笊篱虽然属于两种不同的生产竹器，但在功能上却有相似之处。竹耙是分离稻草和谷物的工具，即分离颗粒物和非颗粒物；笊篱是分离固体和液体物的工具。两者“孔洞”大小不一样，竹耙孔洞较大，笊篱孔洞细密。

竹耙是利用竹材优良的可劈裂性和能热弯成型的特点制成的工具。取一截长竹竿，在粗端打开两节竹筒并切成 6 ～ 8 条较细的竹片，再将竹片分开成扇形，端头热弯成爪形。成型后再用竹编将其分开成扇形的竹片固定，便形成稳定的竹耙结构。

竹笊篱用竹编编成碗形，尺寸可大可小，尺寸大的直径为 20cm 左右，尺寸小的直径为 10cm 左右。小的在日常生活中使用，大的在农业生产中使用，有的地方在捕鱼时也使用竹笊篱。笊篱分短柄和长柄，生产用的笊篱一般是长柄。

(4) 竹箩和竹筐

竹箩和竹筐没有明显的界限。竹箩是略有收口的竹筐，采用无孔竹编制成。一般是先制作好外框，外框使用竹片热弯成型，然后将外框与竹编编织成一体。外框用于承重，竹编用于保护谷物等物品。

农用竹筐除了与竹箩类似的由无孔竹编制作外，还有有空的竹筐，用于盛装农用工具或谷物杆径。与日用竹筐相比，生产时用的竹筐较大，或两个一对，需要用肩挑的形式运输物品。

(5) 竹笼

一般的常用竹笼和生产用的竹笼在尺寸和功能上略有不同。生产用竹笼较大，用于运送农业生产所需的工具、秧苗及其他动植物等，还可用于养殖家禽、牲口等。

生产用的竹笼采用竹编编织而成，重量轻，空间大，有收口的形态或有盖，是农业生产和运输的实用器具。

(6) 竹砻

竹砻形似石磨，有上下两层，一般高 3 尺，直径 1.5 尺，重 125 千克左右，用竹子和黏土做成。上砻放稻谷，通过轴心合在下砻上，转动上砻，竹砻上下两个轮子上的竹齿便相互摩擦，把谷子磨破，使米粒和谷壳分离。

（7）竹筒水车

在古代，竹筒水车是农业灌溉的主要工具，随着现代水泵技术的发展和灌溉方式的改进，传统的水车已经没有太多的用武之地，仅在部分农村和山区使用。

竹筒水车是利用水力实现自动运转的工具，分小型和大型竹筒水车，在宋元时期我国就大量使用大型竹筒车运水灌溉。但现代竹筒水车的观赏功能已经大于实用功能，在很多地区大型竹筒水车已变成标志性景点，展现浓浓的田园生活气息。

（8）牛轭和牛嘴兜

在农耕时代，耕田时需要在牛脖子上架一个“牛轭”：“牛轭”呈“人”字形，是通过绳子拽着后面的犁、耙用来翻地、整理土地的工具。但常见“牛轭”木质的较多，竹制的相对少见。

牛嘴兜基本上是使用竹制的工具，即用竹编编织成大孔洞的篼形，用时直接套在牛嘴上，防止牛在劳作时吃农作物。

（9）秧篦

秧篦是专门用来盛装和运送秧苗的竹编筐，秧篦编织稀疏，筐的直径为45～60cm，筐口处有长绳。把秧苗堆积在秧篦上，用长绳将秧篦兜住，可挑走大量秧苗，回程时可以轻松将其带回。

秧篦等竹制生产工具制作都较粗糙，使用的竹篾也比较宽大厚实。

（10）龟壳

龟壳，又叫“覆壳”“鹤翅”“背篷”，是一种用竹篾编织成像龟壳样的竹器，盖在人的背上，用来防晒，也可以防雨。据元代《王祯农书》记载：“一名鹤翅，一名背篷，篾竹编如龟壳，裹以箨箬，覆于人背，……系肩下。耘薅之际，以御畏日，兼做雨具。下有卷口，可通风气，又分雨溜。适当盛暑，田夫得此，以免曝烈之苦。”

龟壳是很特别的防雨、防晒工具，符合人体工程学。使用竹编编制，但现在已经十分少见。

（11）连枷

连枷由一个长柄和一组并排的竹条或木条构成，用来拍打谷物、小麦、豆子、芝麻等，使子粒掉下来，也作梿枷。连枷既可以使用竹子制作，也可以使用木材制作，在南方地区一般使用竹子制作。

（12）掼床

掼床是一种竹木制的脱粒工具，使用木质框架，框架内使用宽竹片平行排列成稀疏的竹片平面。脱粒时，抱起带穗稻草，砸向掼床，谷粒受冲击会被甩出，顺着竹片的间隙落到地面或竹簟上，起到脱粒的效果。现在，掼床已是基本消失的竹制脱粒工具。

（13）伴桶

伴桶是掼床的外用版。掼床是在谷场上使用，脱粒后直接晾晒谷粒，而伴桶是在农田里直接脱粒的竹器。伴桶是由一张大竹席围合的脱粒工具，成大半圆形状，下面有底。在竹席围合的空间内设置一小型掼床，可以一边收割谷物，一边在伴桶中脱粒。谷物在农田里完成脱粒后，谷粒可直接带回，草秆则留在农田，省去了再运送草秆的工作。

（14）晒席

晒席就是一张大竹席，两端使用竹竿夹住席边，使用时打开晒席将谷物铺在晒席之上进行晾晒。不使用时将晒席卷起，不仅方便携带，而且还节约空间。

（15）竹斗

竹斗是收集谷物的竹器，为漏斗造型，使用一根大竹竿，剖开大部分竹节形成竹片，仅留一节竹节做竹斗的出口。劈开的竹片分开成斗形，作为竹斗的框架结构，然后使用竹编在框架上编织无孔的竹编，直到竹斗成型。

因收集谷物的需要，竹斗的尺寸较大，竹斗的开口在 50 ～ 60cm，竹斗下部的出口筒直径在 10cm 左右。利用竹斗收集谷物，快速又方便。

在传统时代竹斗的造型和设计是最佳的，既要有可塑形的大口，又要能收成一个小口以方便收集谷物。竹筒是最佳的收口材料，竹编是最佳的塑形方式，竹节是分开竹编和竹筒的最佳节点。使用柳编、木材均达不到这样的结构效果，使用金属又很难达到竹斗这样的尺寸。竹斗作为生产竹器的一种，很具有代表性。

（16）锥形竹缸盖

锥形竹缸盖是缸盖中比较特别的一种，一般的竹缸盖是平面的，使用竹编编织。但这种缸盖是圆锥形的，倒扣在大缸上。锥形竹缸盖专门用于发酵酱料，其尺寸较大，直径在 80 ～ 100cm，不仅要经得起风吹日晒，而且还能适当地透气，以达到空气交换和保护酱料的目的。

（17）镰刀篓

镰刀篓是一种专门用来盛装砍柴刀具的竹篓。在山区，山民上山时会随身携带一把腰刀，一是砍柴和开路用，二是碰到蛇类等野生动物时防身用。镰刀篓是根据腰刀的形状以竹编编织而成，形似“靴”状。

竹器名称：簸箕；
主要功能：晒东西等；
产品尺寸：大小尺寸均有；
拍摄地：广西崇左市；
拍摄者：不详。

竹器名称：簸箕；
主要功能：晒东西、展示等；
产品尺寸：75cm 见方；

拍摄地：广西崇左市；
拍摄者：不详。

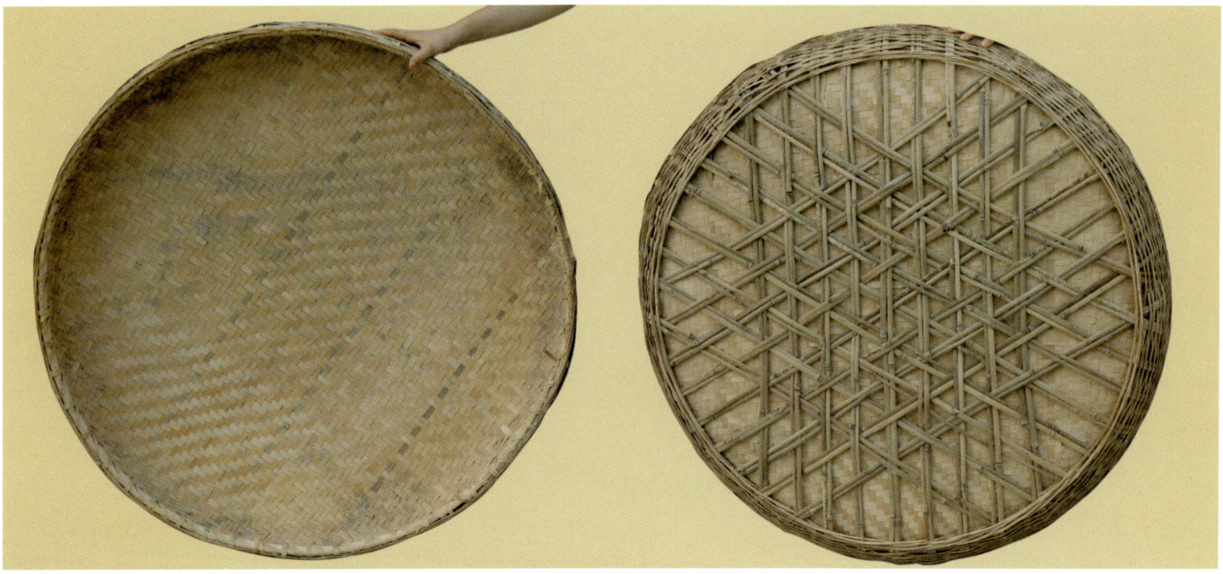

竹器名称：圆簸箕；
主要功能：晾晒谷物等；
产品尺寸：直径 110cm，高 10cm；

拍摄地：安徽省六安市竹器大市场；
拍摄者：张小开、孙媛媛；
拍摄时间：2016 年；

竹器名称：笊篱；
主要功能：打捞、过滤时使用；
产品尺寸：竿长130～150cm，直径35cm；
拍摄地：安徽省六安市；
拍摄者：张小开、孙媛媛；
拍摄时间：2016年。

竹制名称：竹耙；
主要功能：一般用于除去稻谷中的杂草等物；
产品尺寸：长150cm，最宽处35cm；
拍摄地：安徽省六安市；
拍摄者：张小开、孙媛媛；
拍摄时间：2016年。

竹器名称：竹砻；
主要功能：用于谷物脱皮；
产品尺寸：高 100cm，最大直径约 70cm；
拍摄地：广西壮族自治区桂林市大圩古镇；
拍摄者：张小开、孙媛媛；
拍摄时间：2016 年。

竹器名称：提梁簸箕；
主要功能：放置物品、扬谷等；
产品尺寸：高 40cm，宽 40cm，长 40cm；
拍摄地：安徽省黄山市祁门县；
拍摄者：张小开、孙嫒嫒；
拍摄时间：2005 年。

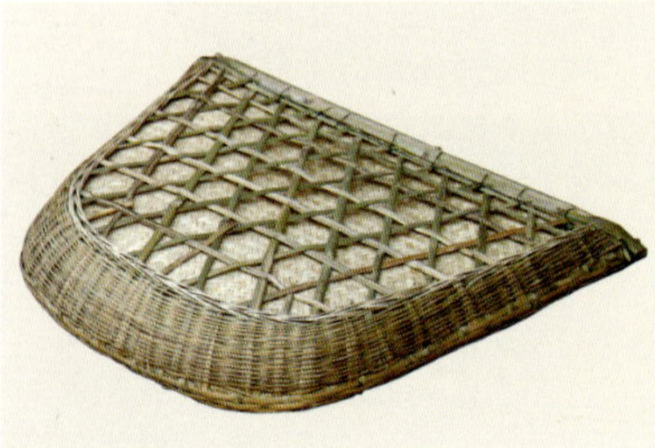

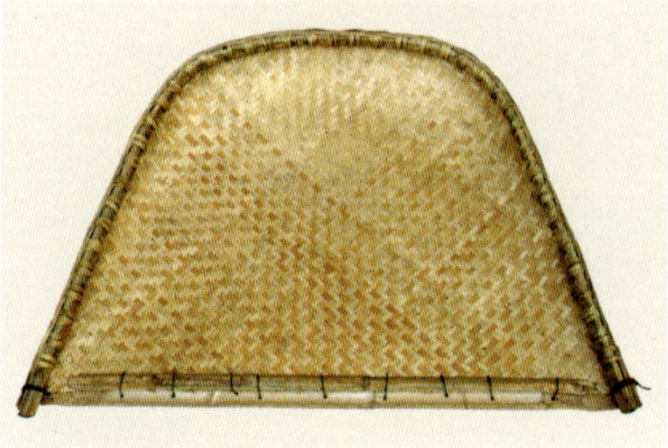

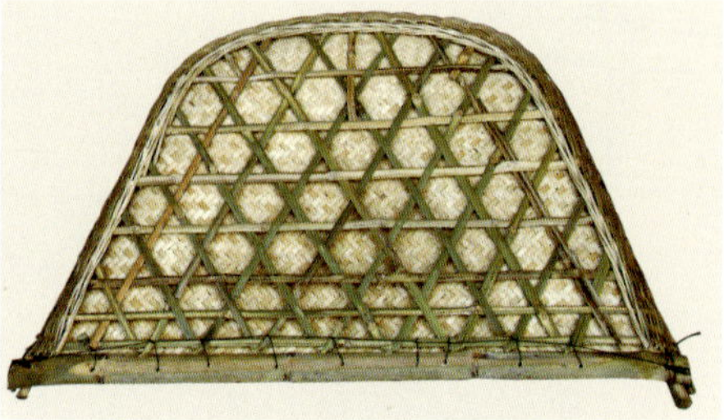

竹器名称：扁簸箕；
主要功能：晒谷、扬谷等；
产品尺寸：口长 70 ~ 80cm，窄边 50cm，宽 55cm，最高处 10cm；

拍摄地：安徽省安庆市；
拍摄者：张小开、孙媛媛；
拍摄时间：2016 年。

竹器名称：小箩筐；
主要功能：盛装生活用品、百货等；
产品尺寸：口径 55cm，底 30cm 见方，高 35cm；

拍摄地：湖南省衡阳市大桥竹器店；
拍摄者：张小开、孙媛媛；
拍摄时间：2016 年。

竹器名称：竹筐；
主要功能：盛装农作物等；
产品尺寸：口径 55cm，底 30cm 见方，高 45cm；
拍摄地：安徽省合肥市宿州路；
拍摄者：张小开、孙媛媛；
拍摄时间：2016 年。

竹器名称：小竹筐；
主要功能：盛装小物件等；
产品尺寸：口径 30cm，底 15cm 见方，高 20cm；
拍摄地：安徽省合肥市宿州路；
拍摄者：张小开、孙媛媛；
拍摄时间：2016 年。

竹器名称：竹箩；
主要功能：放置擦鞋布等用品；
产品尺寸：口径55cm，高55cm；
拍摄地：湖南省怀化市；
拍摄者：张小开、孙媛媛；
拍摄时间：2016年。

竹器名称：竹笼；
主要功能：盛装家禽等；
产品尺寸：60cm 见方，高 50cm；

拍摄地：湖南省怀化市；
拍摄者：张小开、孙媛媛；
拍摄时间：2016 年。

竹器名称：竹笼；
主要功能：盛装家禽类；
产品尺寸：高 55cm，
　　　　　最大直径 40cm；
拍摄地：河南省博爱县；
拍摄者：吴淼；
拍摄时间：2016 年。

竹器名称：竹筒水车；
主要功能：灌溉、装饰、摆设；
产品尺寸：直径 200cm，宽 80cm；
拍摄地：广西壮族自治区桂林市龙胜各族自治县；
拍摄者：张小开、孙媛媛；
拍摄时间：2016 年。

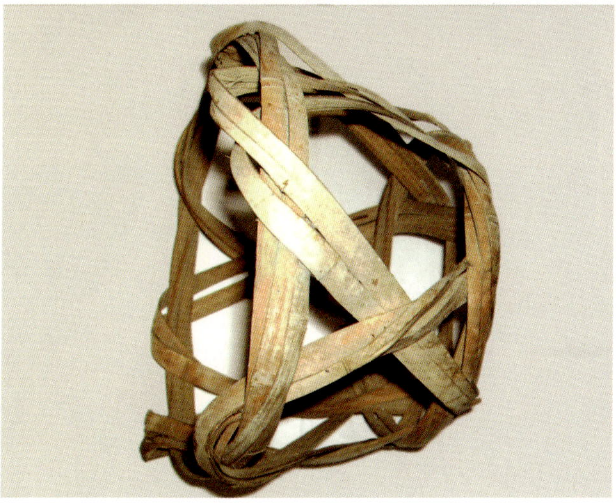

竹器名称：（上图）竹制牛轭；
主要功能：耕地时系于牛颈脖处用；
产品尺寸：长 60cm，高 24cm；
拍摄地：台湾省桃园市；
拍摄者：不详；
图片来源：http://archives.hakka.gov.tw/index.php；
拍摄时间：2013 年。

竹器名称：（下图）牛嘴兜；
主要功能：耕地时套于牛嘴处，以防牛吃东西；
产品尺寸：口径 20cm，高 15cm；
拍摄地：台湾省苗栗县；
拍摄者：不详；
图片来源：http://archives.hakka.gov.tw/index.php；
拍摄时间：2013 年。

竹器名称：秧篦；
主要功能：插秧时运送秧苗用；
产品尺寸：直径 45cm，高 10cm；
拍摄地：台湾省苗栗县、桃园市等地；

拍摄者：不详；
图片来源：http://archives.hakka.govtw/index.php;
拍摄时间：2010 年。

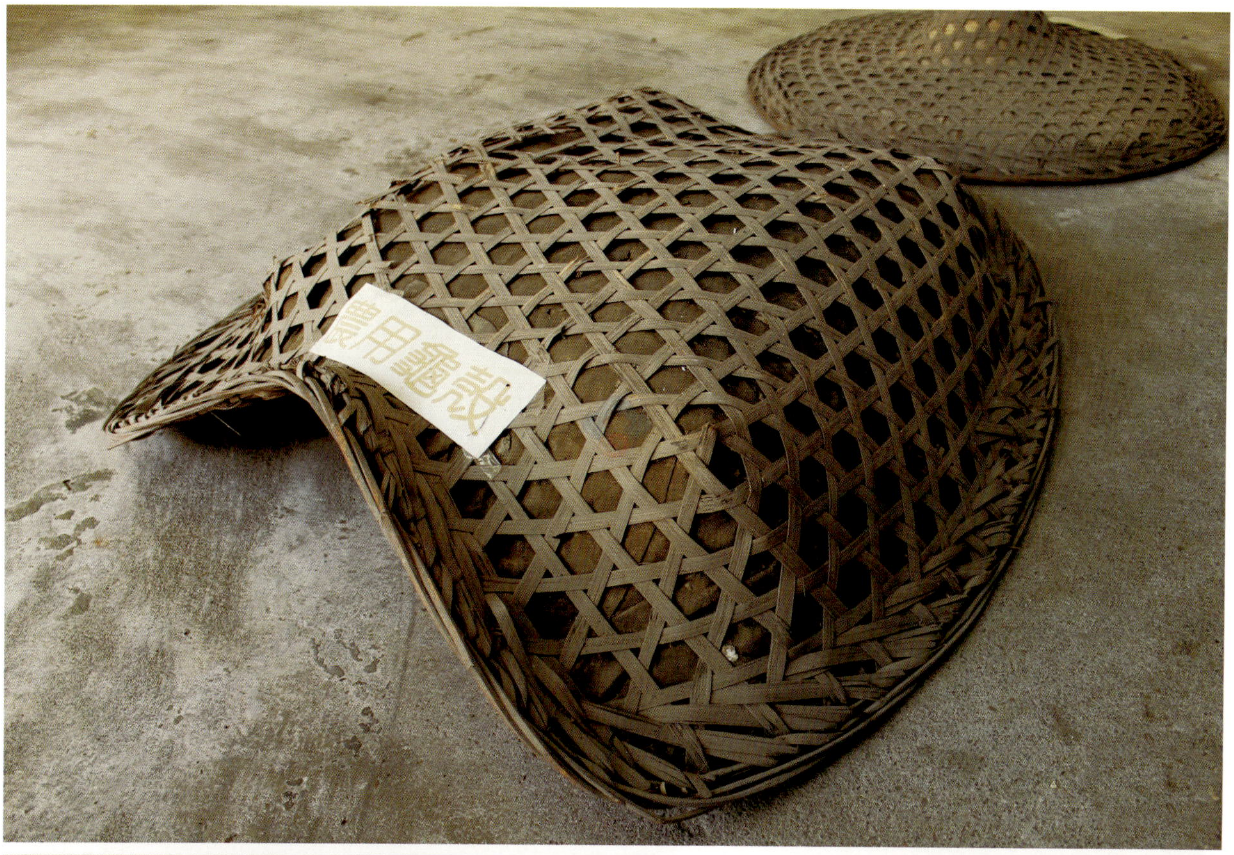

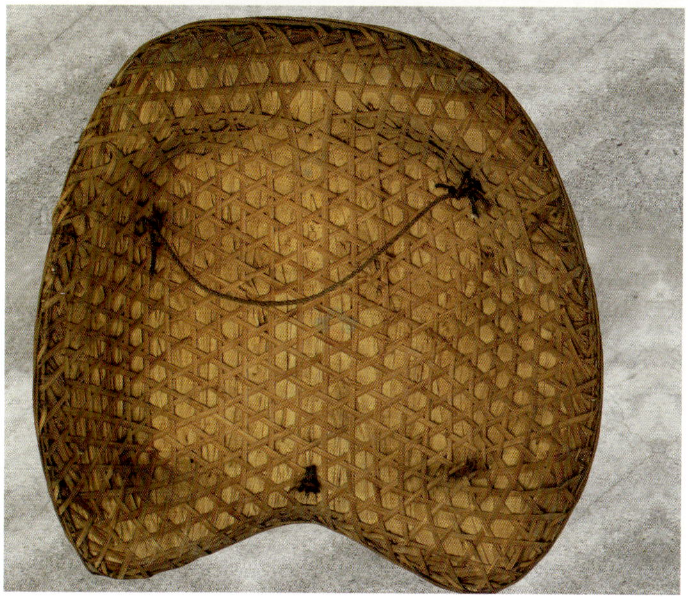

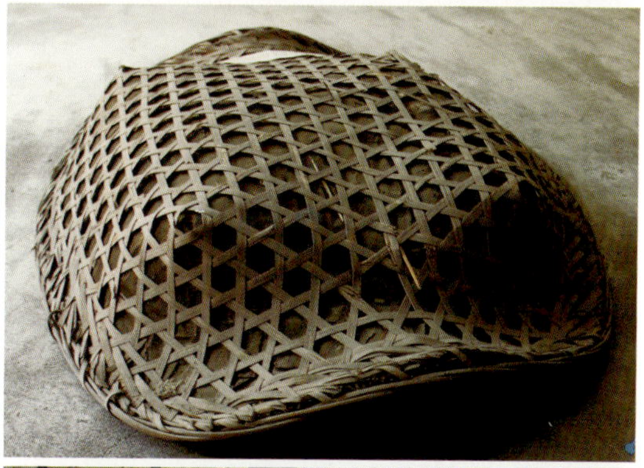

竹器名称：龟壳；
主要功能：防雨防晒；
产品尺寸：最长 95cm，最宽 82cm，最高 22cm；
拍摄地：台湾省苗栗县；

拍摄者：不详；
图片来源：http://archives.hakka.gov.tw/index.php；
拍摄时间：2013 年。

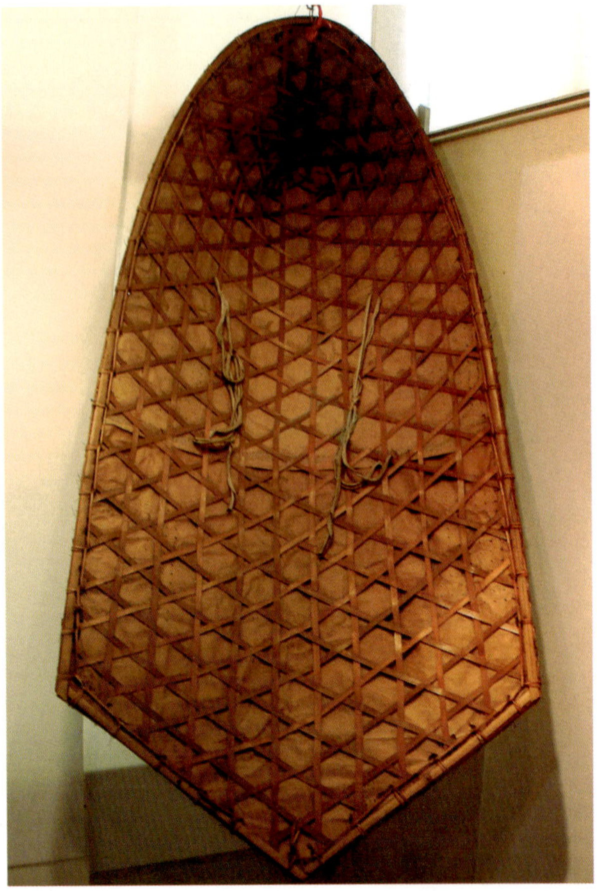
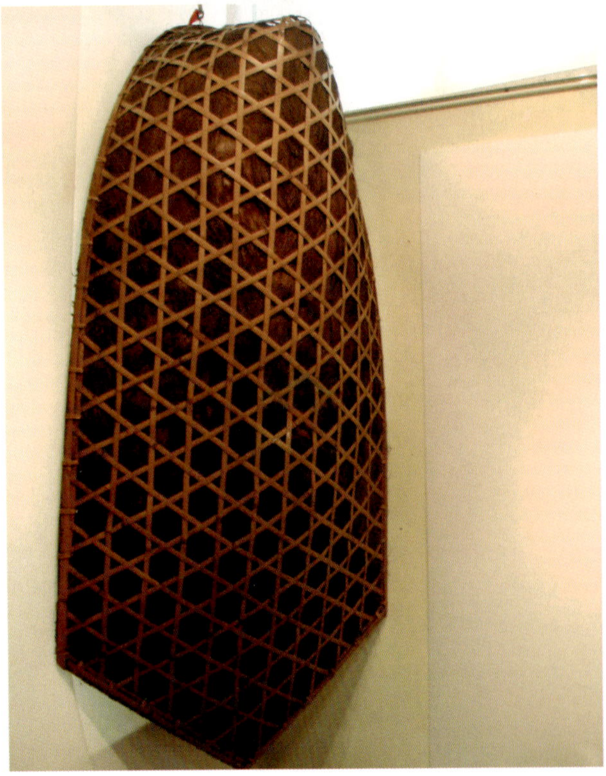

竹器名称：龟壳；
主要功能：防雨、防晒；
产品尺寸：不详；
拍摄地：台湾省新竹市；
拍摄者：不详；
图片来源：http://archives.hakka.gov.tw/index.php；
拍摄时间：2013 年。

竹器名称：连枷；
主要功能：打谷物用；
产品尺寸：总长 200cm，杆直径 6 ~ 8cm；
连枷头长 60cm，宽 15 ~ 20cm；
拍摄地：江苏省无锡市；
拍摄者：不详；
图片来源：徐艺乙主编的《中国民间美术全集 · 器用编 · 工具集》；
拍摄时间：1994 年。

竹器名称：掼床；
主要功能：打谷物用；
产品尺寸：总长 150cm，宽 120 ~ 150cm；高 60 ~ 70cm；
拍摄地：江苏省无锡市；
拍摄者：（上图）张小开；
图片来源：（下图）徐艺乙主编《中国民间美术全集 · 器用编 · 工具集》；
拍摄时间：（下图）1994 年；（上图）2016 年。

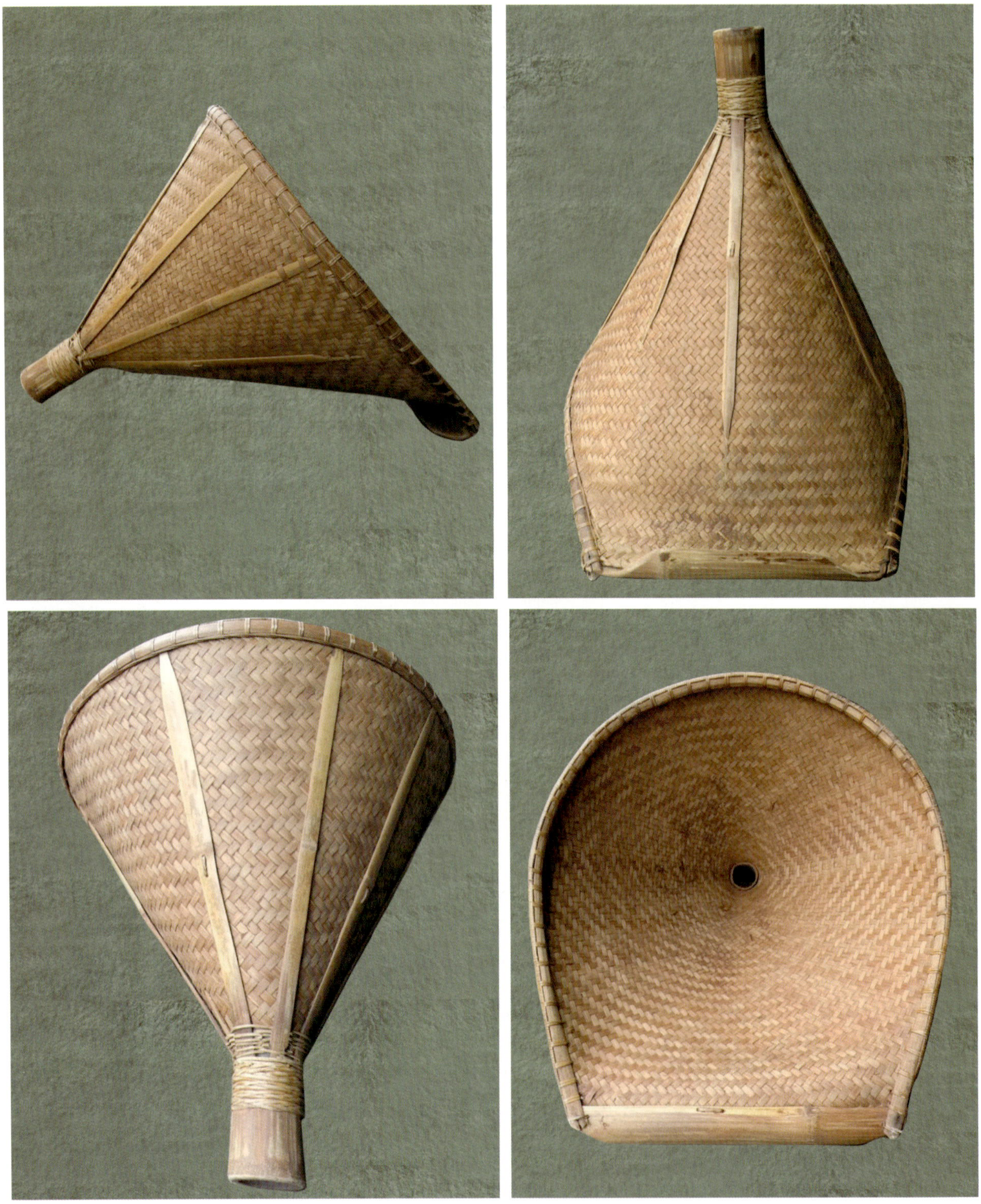

竹器名称：竹斗；
主要功能：收集谷物等；
产品尺寸：长 68cm，宽 60cm，高 50cm；

拍摄地：浙江省宁波市；
拍摄者：张小开；
拍摄时间：2016 年。

竹器名称：伴桶；
主要功能：打谷物用；
产品尺寸：总高 200cm，底边周长 180cm；
拍摄地：四川省宣汉县；
拍摄者：郑亮；
图片来源：http://dz.cppfoto.com/news；
拍摄时间：2015 年。

竹器名称：晒席；
主要功能：晒谷物用；
产品尺寸：总长 400cm，宽 200cm；
拍摄地：四川省宣汉县；
拍摄者：郑亮；
图片来源：http://dz.cppfoto.com/news;
拍摄时间：2015 年。

竹器名称：锥形竹盖；
主要功能：盖住酱缸；
产品尺寸：直径 100cm，高 50cm；

拍摄地：浙江省乌镇；
拍摄者：张小开；
拍摄时间：2014 年。

竹器名称：长柄簸箕；
主要功能：收集谷物等；
产品尺寸：高度 76cm，箕口长度 46cm，宽度 31cm；
拍摄地：浙江省永康市；
图片来源：盛世收藏网；
拍摄时间：2015 年。

竹器名称：镰刀篓；
主要功能：侗族等少数民族生活用具，放置镰刀等；
产品尺寸：高 30 ~ 35cm，长 25cm，口径 15cm；
拍摄地：广西；
拍摄者：不详；
拍摄时间：2016 年。

竹器名称：（上图）畚箕；
主要功能：挑送、运输农用物品用；
产品尺寸：不详；
拍摄地：台湾省屏东县；
拍摄者：不详；
图片来源：http://archives.hakka.gov.tw/index.php；
拍摄时间：2013 年。

竹器名称：（下图）伞撑；
主要功能：用做大伞的底座等；
产品尺寸：高 50 ~ 100cm 不等，直径 12 ~ 15cm；
拍摄地：安徽省黄山市祁门县；
拍摄者：张小开、孙媛媛；
拍摄时间：2005 年。

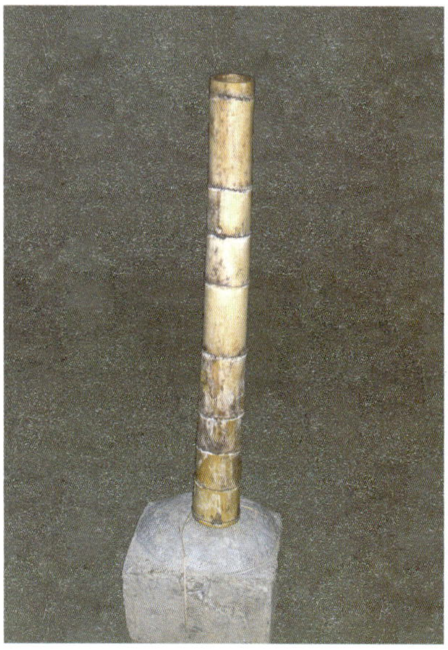

5.2 纺织类

纺织类竹器有纺车、织布机等。

(1) 纺车

纺车从古代一直沿用至今。有关纺车的资料最早见于西汉扬雄的《方言》，书中记有“繀车”和“道轨”，即为纺车。兽锭纺车最早见于山东临沂银雀、山西汉帛画和汉画像石中。可见，在汉代以前人们就已经使用纺车，并有文字及图像记载。

纺车的结构比较简单，主要部件为锭子、绳轮和手柄。常见的纺车是锭子在左，绳轮和手柄在右，中间用绳弦传动。纺车的绳轮使用竹片制作，也有使用木材制作的。竹片制作的绳轮更富有弹性和柔韧性。

(2) 织布机

最早的织布机，也称踞织机（叫腰机）。使用时用足踩织布机经线木棍，右手拿打纬木刀打紧纬线，左手投纬引线。这种足蹬式腰机没有机架，卷布轴的一端系于腰间，双足蹬住另一端的经轴并张紧织物，用分经棍将经纱按奇偶数分成两层，用提综杆提起经纱形成梭口，以骨针引纬，打纬刀打纬。腰机的主要特点是采用了提综杆、分经棍和打纬刀。这种织机看似很简单，但是有上下开启织口、左右引纬、前后打紧等 3 个方向的运动，是现代织布机的始祖。

传统的织布机采用大型的木质框架，但枅子（绕线）、分经棍、梭子等常见部件用竹材制作。在江西贵溪战国崖墓中还曾发现了 2600 多年前竹制的绕纱框、整经齿耙、结纱钉杆和带拈杆纺轮、杼、梭、引纬杆、导经棍等。可见竹器在织布机及织布活动中早已应用。

竹器名称：纺车；
主要功能：用于纺线等；
产品尺寸：总长 70cm，宽 50cm，直径 60cm；
拍摄地：广西壮族自治区桂林市大圩古镇；
拍摄者：张小开、孙媛媛；
拍摄时间：2016 年。

竹器名称：纺车；
主要功能：用于纺线等；
产品尺寸：总长 70cm，宽 50cm，直径 60cm；
拍摄地：贵州省民族博物馆；
拍摄者：张小开、孙媛媛；
拍摄时间：2016 年。

竹器名称：织布机；
主要功能：用于纺线、织布等；
产品尺寸：高 200cm，长 160cm，宽 80cm；
拍摄地：广西壮族自治区桂林市大圩古镇；
拍摄者：张小开、孙媛媛；
拍摄时间：2016 年。

5.3 渔具类

用于生产的竹渔具主要有网梭、网则、捕鱼罾、渔篓、虾笼、鳝笼等。

（1）网梭与网则

网梭与网则都是用竹材制作的，是用来编制渔网的主要工具。网则是固定渔网网孔的标准器，网梭则是用来编织渔网的。

网则是矩形的竹片，大小不一，专门用于制作大小不同的渔网网孔。网梭的形状是前尖后凹。制作网梭时，将其尖头挖空，留一根针状竹刺，用于和网梭底部的凹槽互相联系，缠住网线。由于竹材便于刀削，因此其他材料不能代替竹材制作网梭和网则，特别是网梭用竹材最佳。

（2）罾

罾是我国古代常见的一种捕鱼竹器，最早出现在五代时期，有大型和小型之分。大型捕鱼罾使用整根大竹竿作为起降轴杆，一端在岸上，一端伸至水面，下系撑开的渔网。渔网呈方形，数米见方，需要数人拉起。小型捕鱼罾是单人手持的捕鱼工具，整体呈三棱锥形，一面开口，其他两面使用竹编或渔网作面，一人使用即可。

（3）捕鱼罩

捕鱼罩是专门用来抓鱼的竹罩。整体呈圆柱形，两头开口，上口径略小于下口径。捕鱼时先观察鱼的位置，然后用竹罩直接扣上。一旦鱼被扣在渔罩内，就从上口伸手抓住，放进随身携带的渔篓中。这种方法适合在浅水区捕鱼，一旦水深，则捕鱼罩很难捕到鱼。

（4）渔篓

渔篓是专门用来装鱼的竹篓，渔篓有大有小。大渔篓专门放置在靠岸的水边，一半置于水中，一半高出水面；小渔篓则用于携带，在捕鱼时，系于腰间。渔篓的常见造型是肚大、有颈且颈部收缩。渔篓颈部的直径要小于渔篓的口，口离颈部有一定的距离，以防止鱼跳出渔篓。

（5）虾笼

虾笼，顾名思义就是用来捕虾的竹笼，小巧精致，一般入口较小。入口处为一个“斗”形，开口很大，但收口时仅容虾身通过，一旦虾挤进虾笼，便无法返回。虾笼一般使用很细密的竹编编制而成，竹编的“孔”比较细密。使用时先在笼中放置引诱虾的饵料，晚上置入有虾出没的水中，第二天早上收笼。

（6）鳝笼

鳝笼也叫泥鳅笼，是专门用来捕捉泥鳅和黄鳝的一种竹笼。竹笼为一头大、一头小的圆柱形。尾部较大，是鳝笼的入口，入口置于竹笼尾部的正中，呈内斗形。鳝笼内置蚯蚓等饵料以吸引泥鳅和黄鳝进入，黄鳝和泥鳅从入口进入后，就很难从入口出来。鳝笼尺寸比虾笼大一点，长40～60cm，一般晚上置入水中，早上收笼。

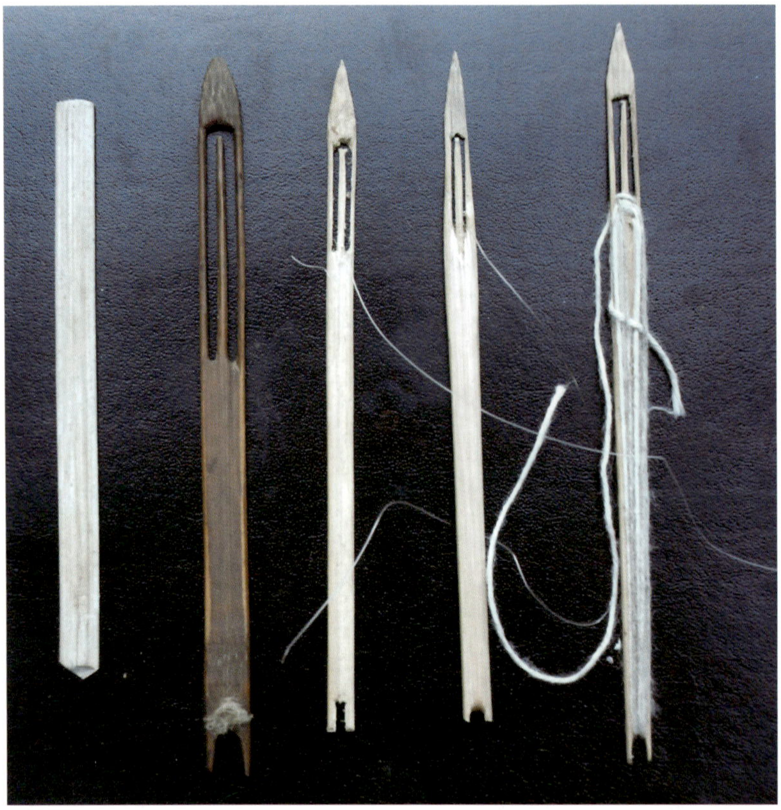

竹器名称：网梭与网则；
主要功能：编织渔网用；
产品尺寸：长 12 ~ 15cm，宽 1cm；网则（上图最左边）视网孔而定，大小不一；
拍摄地：台湾省桃园市；
拍摄者：不详；
图片来源：http://archives.hakka.gov.tw/index.php；
拍摄时间：2010 年。

竹器名称：渔篓；
主要功能：捕鱼后存储用，一般挂在腰间；
产品尺寸：高 30 ~ 40cm 不等，最大直径 30cm，口径 15cm；
拍摄地：安徽省六安市孔集镇；
拍摄者：张小开、孙媛媛；
拍摄时间：2016 年。

竹器名称：罾具（小型）；
主要功能：用于捕鱼、捕黄鳝等；
产品尺寸：长 60cm，宽 50cm，高 50cm；

拍摄地：广西壮族自治区桂林市大圩古镇；
拍摄者：张小开、孙媛媛；
拍摄时间：2016 年。

竹器名称：捕渔罩；
主要功能：捕鱼用；
产品尺寸：最大直径 40cm，高 100cm；
拍摄地：不详；
拍摄者：不详；
拍摄时间：2016 年。

竹器名称：虾笼；
主要功能：用来捕虾；
产品尺寸：直径 20cm，长 40cm；
拍摄地：广西壮族自治区桂林市大圩古镇；
拍摄者：张小开、孙媛媛；
拍摄时间：2016 年。

竹器名称：鳝笼；
主要功能：用来捕黄鳝、泥鳅；
产品尺寸：最大直径 12cm，长 45cm；
拍摄地：广西壮族自治区桂林市大圩古镇；
拍摄者：张小开、孙媛媛；
拍摄时间：2016 年。

5.4 商品买卖类

这一类竹器是从事小商品买卖的工具，主要有货挑、骆驼担、摆货筐等。

（1）货挑

货挑是传统农业时代货郎卖小商品的一种工具，其两头是摆货的架子，中间是肩挑的杆子。为了更好地吸引客人，有的货挑中间充当扁担的杆子其造型比较独特、夸张，让人一眼就能看出是货挑。简略版的货挑就是一个扁担挑上两个竹箩，竹箩上再放置圆簸箕，在圆簸箕中摆上小商品。

（2）骆驼担

骆驼担顾名思义就是长得像骆驼的担子，是一种独特的货挑，这种货挑在清代晚期出现。因形似骆驼，人称“骆驼担”，苏州人还称它为“两间半”，相当于一个人挑着厨房、吃食店。

骆驼担作为一种食挑，一头是炉子，一头是柜子。炉子是用来煮食物的，柜子是用来装物品的。食挑要有稳定的腿部和精巧的结构才能用扁担挑起来。骆驼担有类似竹桌的四条腿，因此挑起后再放下很容易，方便移动。为了满足较大的收纳功能，有些货挑一头的竹柜还延伸到扁担的上方。骆驼担两头的下部都有一个镂空结构，这个结构有两个作用：一是可抬高火炉和竹柜的高度，方便煮食和拿放柜子里面的东西；二是镂空的结构能够放置板凳、水桶和篮子等器具。

（3）摆货筐

摆货筐是给顾客展示商品的容器，适合流动的商品买卖。摆货筐一般尺寸较大，但不高，是一个平底的竹筐，筐口大约 3 ～ 5cm 高，这样能把货物展示给客户。摆货筐基本上是平面造型，形状一般有圆形、椭圆形、方形等，但略带圆角的方形摆货筐比较好，这样几个货筐并列排放时能最大限度地利用空间。

竹器名称：骆驼担；
主要功能：肩挑买卖；
产品尺寸：总高约 140cm，宽约 140cm；
拍摄地：江苏省苏州市；
拍摄者：不详；
图片来源：陈绶祥主编的《中国民间美术全集·起居编·陈设卷》；
拍摄时间：1993 年。

竹器名称：摆货筐；
主要功能：放在摊位或车辆上卖水果、食品、生活百货等；
产品尺寸：长 110cm，宽 55cm，高 15cm；

拍摄地：湖南省衡阳市大桥竹器店；
拍摄者：张小开、孙媛媛；
拍摄时间：2016 年。

5.5 茶叶生产类

茶叶生产类工具常见的有簸箕、竹筛、箩筐等竹器，还有制茶专用的一些工具。簸箕、竹筛、箩筐等在前文已经介绍过，这里只介绍烘筐和采茶篓等制茶专用工具。

（1）烘筐

烘筐是用于烘烤茶叶的竹筐和竹罩，是一套组合竹器。竹罩是两头空的竹编筒，家庭作坊使用的竹罩直径在60cm左右，高度也在60cm左右，采用无孔编制手法。竹筐呈矮圆柱形，开口略大，深15～20cm，只能放入竹罩中。竹筐也采用无孔式竹编编制。烘烤茶叶时，先将竹罩内放置炭火盆，然后将鲜茶叶放置在竹筐内，慢慢烘烤。

（2）采茶篓

采茶篓造型和渔篓类似，但比小渔篓宽大和扁平。宽大的造型是为了装下更多的茶叶，扁平的造型是为了适合采茶人在一排排茶树之间穿梭。使用采茶篓时一般是系在腰间。

竹器名称：烘筐；
主要功能：放置炭火，用于烘烤茶叶等；
产品尺寸：高60cm，直径60cm，竹筐高15cm；
拍摄地：安徽省黄山市祁门县；
拍摄者：张小开、孙媛媛；
拍摄时间：2005年。

竹器名称：采茶篓；
主要功能：采茶用；
产品尺寸：高 48cm，口径 25.5cm 长，22cm 宽；
拍摄地：台湾省桃园市；
拍摄者：不详；
图片来源：http://archives.hakka.gov.tw/index.php;
拍摄时间：2010 年。

5.6 其他类

还有一些常见的生产竹器，因无法归类，因此这里将其列为其他类。如竹梯、各式扁担、竹制自发声装置、车载竹笼（竹筐）、竹绳等。

(1) 竹梯

竹梯是常见的生产竹器，由竹竿直接制作，它用两个长竹竿做边，每隔30cm左右设置一横向竹竿，横向竹竿与纵向长竹竿接头处采用榫卯结合。

(2) 竹扁担

扁担也是最常见的生产工具，分竹制和木制两种。竹制扁担在形式和功能上要优于木制。常见的竹制扁担采用小半圆不去节制成，两头做成“丁”字形结构或直接设置1～2枚竹钉，以方便挂箩筐。还有一种竹制扁担，直接将扁担的一头热弯成“J”形，这种弯头竹扁担适合一头挑有箩筐的担子使用。

(3) 竹制自发声装置

竹制自发声装置是用来吓走偷吃农作物的小动物的竹器。这种装置的制作过程和发声原理是：截取带有四个竹节的竹竿，将竹竿的一端斜切去半节竹筒，另一端留有两个竹节，在第二个竹节位置钻孔并穿一根竹棍或木棍做轴，使两头变得不平衡。被切掉部分的一端因其较轻，用于接水，较重一端放在石块上。一旦接水端的竹筒部分水满，则这端就重于另一端，接水端就会下降，带起另一端。下降时，筒中的水流出变轻，于是另一端则又重新落下砸在石块上，发出响声。而且只要水流不断，这种注水、浇水的动作就会一直循环，响声也会不断。

(4) 车载竹笼（竹筐）

车载竹笼（竹筐）是一种新式竹器，也就是放在摩托车上的一对竹笼或竹筐。其中分体式的是在摩托车两边分别挂一个；连体式的则为带有两个连在一起的筐或笼的竹器，刚好可以架在摩托车上。这种车载竹笼在设计和造型上与马或驴驮的传统竹笼相似。

(5) 竹绳

竹绳是用竹纤维搓制而成的绳子，采用较细的竹篾分两三股或多股制成。竹绳具有良好的韧性和承重能力，一般用于捆绑较重的物体。

竹器名称：竹制自发声装置；
主要功能：通过水流变化，使竹筒不断敲击石块，
发出响声吓唬小动物等；
产品尺寸：长 60 ~ 80cm，直径 10 ~ 15cm；

拍摄地：安徽省黄山市祁门县；
拍摄者：张小开、孙媛媛；
拍摄时间：2005 年。

竹器名称：发声装置；
主要功能：通过气流变化，使竹竿敲击竹筒，发出响声吓唬动物；
产品尺寸：长 50 ~ 60cm，直径 10cm；

拍摄地：安徽省黄山市祁门县；
拍摄者：张小开、孙媛媛；
拍摄时间：2005 年。

竹器名称：竹梯；
主要功能：爬高用；
产品尺寸：高 300 ~ 600cm 不等，宽 50cm；
拍摄地：湖南省临湘市；
拍摄者：张小开、孙媛媛；
拍摄时间：2016 年。

竹器名称：弯头竹扁担；
主要功能：挑东西用；
产品尺寸：长 160cm，宽 10cm；
拍摄地：福建省建瓯市；
拍摄者：张小开、孙媛媛；
拍摄时间：2006 年。

竹器名称：竹扁担；
主要功能：挑东西用；
产品尺寸：长 160cm ~ 180 不等，宽 12cm；
拍摄地：湖南省临湘市；
拍摄者：张小开、孙媛媛；
拍摄时间：2016 年。

竹器名称：车载竹笼；
主要功能：盛装放置摩托车上的物品；
产品尺寸：宽 110 ~ 130cm，高 60cm；

拍摄地：（上图）广西壮族自治区桂林市龙胜各族自治县；（下图）福建省建瓯市；
拍摄者：张小开、孙媛媛；
拍摄时间：（上图）2016 年，（下图）2006 年。

竹器名称：竹绳；
主要功能：捆绑物品用；
产品尺寸：直径 1cm 左右，长度不限；
拍摄地：浙江省安吉县中国竹子博物馆；
拍摄者：张小开、孙媛媛；
拍摄时间：2016 年。

第6章 交通竹器

竹制交通工具的种类较少，可分为水运类、陆运类和山运类竹器。水运类竹器有竹筏、篷船和竹桥等，竹桥也可算景观类的大型竹器。陆运类竹器有竹轿、肩篼、竹制自行车、竹制汽车等。但竹制汽车仍处于探索阶段，还不能算正式的竹器，仅是对汽车的外形改造。山运类竹器主要有上山竹轿和竹溜索等。

竹制交通工具中传统竹器较多，现代竹器主要是竹制自行车、竹制汽车等。在传统的竹制交通工具中，常用的制作材料是竹竿类、竹片类和竹编类竹材，其中以竹竿类竹材为主。现代新型交通竹器则常用竹集成材类竹材，有利于批量生产。

序　号	类　别	包 含 种 类
1	水运类	竹筏、篷船、竹桥等。
2	陆运类	竹轿、肩篼、竹制自行车、竹制汽车。
3	山运类	上山竹轿、竹溜索。

6.1　水运类

(1) 竹筏

竹筏又称竹排，用竹材捆扎而成，是水上交通工具，流行于长江南部地区。有着悠久的历史，使用十分广泛。即使在现在，不少地方仍使用竹筏。小筏一般采用5～8根竹子，大筏一般采用11～16　根竹子。竹筏一般长约3丈，宽数尺。竹子的粗端做筏头，高高翘起，细端做筏尾，平铺在水面上。竹筏具有以下特点：一是吃水小，浮力大，可以在浅水河流中航行；二是稳定性好，水上行驶平稳安全，不会颠覆，无论大筏、小筏均只需一名艄公点篙撑驾；三是制作简便，可就地取材。

(2) 篷船

篷船指使用竹席做篷的船只，这种船一般都是中小型的，特别是浙江绍兴的乌篷船尺寸更小。篷船使用竹篷并打出拱形，以遮风雨。也有篷船使用多块大竹席搭建大型竹篷。

(3) 竹桥

竹桥是指使用竹材制作的桥。这种桥使用大竹竿制作成竹桥的支撑结构和护栏结构，桥面既可用竹竿直接铺装，也可用竹片排列，还可用编制好的竹编板铺装。较短的竹桥可以设计成拱形结构，有一定的造型变化，但长竹桥一般只用简单的竹竿支架结构一直平铺过去。

架设在水面上的竹桥因很少接触水，竹材老化慢，可以使用很多年，其制作较为精致。但直接在水中做支架的竹桥，通常采用简单的三角竹架作为支撑结构，桥面和桥栏的制作也相对简易，因此需要不时对竹桥进行修补和维护，更换因水泡而老化的竹竿。

竹器名称：竹桥；
主要功能：通行等；
产品尺寸：长 400cm，宽 150cm，护栏高 80cm；
拍摄地：浙江省安吉县中国竹子博物馆；
拍摄者：张小开；
拍摄时间：2007 年。

竹器名称：（上图）竹筏、（下图）乌篷船；
主要功能：水上交通；
产品尺寸：（上）长 600cm，宽 120cm；（下图）长 250cm，宽 80cm；
拍摄地：（上图）四川蜀南竹海，（下图）浙江绍兴东湖；
拍摄者：张小开、孙媛媛；
拍摄时间：2016 年。

6.2 陆运类

陆运类竹器主要有竹轿、肩篼、竹制自行车、竹制汽车。

陆运类竹器是在平原地区使用的竹制交通工具。常见的有竹轿，竹制自行车和竹制汽车则少见，而肩篼是在古代使用的交通工具。

（1）竹轿

轿子是一种靠人或畜扛、载而行，供人乘坐的交通工具，在我国各地曾广泛流行。它安装在两根杠上，是可移动的床、座椅、坐兜或睡椅，分为有篷或无篷两类。

常见的轿子有以下几种：

两人小轿。最常见，呈方形，前后各一人抬轿，是最方便的代步工具。

驮轿或骡轿。呈长方形，比小轿宽敞，前后各用一匹骡子驮着，前方由一人牵引。

四人抬花轿。如迎娶的花轿，轿上扎彩绸，由四个人抬轿。

肩扛轿。乘坐一人，由四人抬，就像用两根杆子架起来的一把椅子。

轿子的材料以木材为主，但两人小轿等简易的轿子多使用竹制。竹制轿子重量轻，有韧性，还有一定的便利性，特别是走小路或山路时，竹轿的优势比较明显。竹轿上的抬轿杆、轿身以及内部的轿底等都可以使用竹材制作。

（2）竹制自行车

竹制自行车用竹制框架代替普通自行车的钢制框架，而自行车的轮子、把手等还用原有的材料。竹制自行车上的竹制部件有两种：一种是使用竹竿为材料，一种是使用现代竹集成材为材料。

用竹竿制作的自行车支架因为竹竿的直径不同会使构件连接有困难，需要人工处理，制作效率不高，但能保留竹竿、竹节的形态美。

用竹集成材制作的自行车支架是在现有型材的基础上经二次加工而成，其构件尺寸是标准件且造型相同，因此这种竹制自行车可以大批量生产。

（3）竹制汽车

竹制汽车比较少见。2011 年北京知竹车展上展示一辆竹编外壳的汽车，是在原有车身框架的基础上，采用竹编的手法将车身用竹编编成。

竹器名称：竹轿；
主要功能：载人；
产品尺寸：约高 180cm，宽约 80cm，长约 300cm；

拍摄地：台湾省南投县竹山文化园；
拍摄者：不详；
拍摄时间：2015 年。

竹器名称：清末竹轿；
主要功能：载人；
产品尺寸：高约 100cm，宽约 70cm，长约 350cm；

拍摄地：浙江省丽水市；
拍摄者：不祥；
拍摄时间：1900 年前后。

竹器名称：竹制自行车；
主要功能：交通、载人；
产品尺寸：高约 80cm，长约 150cm；
拍摄地：上海竹产业博览会；
拍摄者：张小开；
拍摄时间：2017 年。

竹器名称：竹制汽车；
主要功能：交通、载人；
产品尺寸：高约 120cm，宽约 80cm，长约 200cm；

拍摄地：北京市北京知竹展；
拍摄者：陈庆军；
拍摄时间：2011 年。

6.3 山运类

山运类竹器有上山竹轿、竹溜索等。

(1) 上山竹轿

上山竹轿是一种简易的由双人抬的轿子，其抬轿杆是很长的竹竿，具有一定的柔韧性。轿子的体型不大，因为山路比较窄，如果轿子太宽不但挡住其他行人，也不安全。最简单的上山竹轿就是两根大竹竿绑上一个竹椅。这种竹轿需要采用固定措施，以防人从轿中掉下。

(2) 竹溜索

溜索是一种渡河工具，古代称为“撞”，溜索有竹索、藤索、钢丝索等，其中竹索是由十多根竹条扭编而成，十分结实。溜索连接山谷两侧，一头高，一头低，人可由高向低溜过山谷。在云贵高原和青藏高原等地，溜索是一种常见的交通工具。

溜渡有平溜和陡溜两种。平溜只有一根溜索，它基本平直，没有斜度，可以来回溜。平溜比较吃力，因为溜索中段会自然下垂，所以人溜滑至中段以后，需要借助四肢的力量，向对岸滑行。陡溜则需要一来一回两根溜索，它一头高，一头低，有一定的倾斜度。溜滑速度快，省力，但人容易撞伤，需格外小心。

溜索的辅助工具为溜板，溜板有硬木的和竹质的。竹制的溜板为一个由数层竹片扭编成的竹环，这种竹环直接套在人的腰上，可用绳索将人与竹环拴在一起。

竹器名称：上山竹轿；
主要功能：抬着行动不便的人上山、下山；
产品尺寸：高约 80 ~ 120cm，宽约 60cm，长约 50cm；
拍摄地：湖南省张家界；
拍摄者：张小开、孙媛媛；
拍摄时间：2016 年。

竹器名称：上山竹轿；
主要功能：抬着行动不便的人上山、下山；
产品尺寸：高约 75cm，宽约 70cm，长约 300cm；
拍摄地：安徽省天柱山；
拍摄者：张小开、孙媛媛；
拍摄时间：2016 年。

竹器名称：竹溜板；
主要功能：载人滑行；
产品尺寸：直径约 50cm；

拍摄地：西藏自治区墨脱县；
拍摄者：不详；
拍摄时间：2003 年。

第7章 文房竹器

文房竹器有书写类、茶饮类和文玩类等类型。书写类竹器有竹笔、竹笔筒、竹砚、竹笔盒、臂搁、竹根印等各种竹制文化器具。茶饮类竹器主要指在功夫茶中使用的各类竹制小工具，这套竹制工具不大，但成套出现，制作精致。主要有茶船、茶具架、茶滤手、茶刷、茶则、茶夹、茶针、茶匙、茶漏、茶筅、茶具柜等。还有一类竹器属文玩类，这类竹器不包含普通竹制玩具，而是同文化、传统等有关的文玩类竹器，主要有竹象棋、竹手串、竹根碗、竹根罐、竹戒指、鸟笼、蛐蛐笼等。另外还有宗教活动用的竹器，如竹香炉、竹香筒等，这一类竹器由于同文化活动相关，因此也归为文房竹器。

序　号	类　别	包 含 种 类
1	书写类	竹笔、竹笔筒、竹砚、竹笔盒、臂搁、竹根印、书签、文具盒等。
2	茶饮类	茶船、茶具架、茶滤手、茶刷、茶则、茶夹、茶针、茶匙、茶漏、茶筅、茶具柜等。
3	文玩类	诗画竹扇、竹制棋、竹手串、竹根碗、竹根罐、竹戒指、鸟笼、蛐蛐笼等。
4	其他	竹香炉、竹香筒等。

7.1 书写类

(1) 竹笔和竹笔筒

毛笔起源于新石器时代。1980年在陕西临潼姜寨村发现一座距今5000多年的墓葬，出土的文物有凹形石砚、研杵、染色物和陶制水杯等。从其中彩陶上的纹饰花纹可辨认出是由毛笔描绘的，说明在五六千年前，已有了毛笔或类似毛笔的笔。甲骨文中已出现笔的象形文字，形似手握笔的样子。在湖南长沙左家公山和河南信阳长台关两处战国楚墓里还分别出土了一支竹管毛笔，这是我国目前发现最早的毛笔。湖南长沙左家公山出土的毛笔，笔杆粗0.4cm，杆长18.5cm，笔头由兔箭毛制成，兔毛长2.5cm，笔头夹在劈开的竹竿头上，用丝线缠绕，外涂一层生漆。从制作工艺和文物出土分布地区看，毛笔在战国时已被广泛使用，只是没有统一的名称。东汉许慎《说文解字》一书中有“楚谓之聿，吴谓之不律，燕谓之拂”“秦谓之笔，从聿从竹”的记载。

出土的战国时代竹笔往往带有一个竹笔筒。毛笔从那时起就以竹竿和竹筒等为制作原料，因此在我国，竹笔和竹笔筒有悠久的使用历史。不过当时的竹笔筒与现代笔筒在形制、功能和内涵上都不一样。现代的笔筒主要盛放多支毛笔，以竹制的为主。传统的竹笔还有雕刻和彩绘。

（2）近现代笔筒

笔筒是最为常见的置笔用具，呈圆筒状，材质多样，以竹材为主，是文人书案上的常设之物。在古代，笔筒以其艺术性和文化品位，受到文人墨客的青睐。明代文人朱彝尊曾作《笔筒铭》云："笔之在案，或侧或颇，犹人之无仪，筒以束之，如客得家，闲彼放心，归于无邪。"

竹制笔筒至明清时期不以造型的变化为方向，而是向竹刻、竹雕方向发展。竹笔筒的造型基本没有太大变化，但其竹刻竹雕的种类多样。

（3）竹砚

砚也称"砚台"，为中国传统文具，始于汉代，文房四宝之一。笔、墨、砚三者密不可分。砚台一般以石材为主要制作材料，也有使用竹材制作的。竹材具有一定的硬度，截取一节大竹片，将竹节削平一部分，并留有槽口就可以做砚台使用。

（4）臂搁

臂搁是中国文人用来搁放手臂的文案用具。除了能够防止墨迹沾在衣袖上，书写时垫着臂搁，腕部会非常舒服，因此，臂搁也称腕枕。臂搁的材质很多，以竹材最为常见。竹臂搁是将一节竹子剖开制作而成的，其长度不超过一尺，宽度大约为七八厘米。

（5）竹根印

竹根印就是使用竹根部分制作的印章。竹材具有一定的硬度，可以用其制作印章。由于竹根部分独特的造型，通过对其不同位置的切分，可制作不同造型和肌理效果的竹根印，因此竹根印深受文人墨客的喜爱。竹根印的形式多样，有方形、圆形和条形等形式，但竹根印的使用量比较小。

竹器名称：毛笔、毛笔架；
主要功能：写字、存放毛笔；
产品尺寸：毛笔长 20 ~ 25cm；笔架高 30cm，宽 30cm；
拍摄地：浙江省安吉县中国竹子博物馆；
拍摄者：张小开、孙媛媛；
拍摄时间：2016 年。

竹器名称：竹笔筒；
主要功能：装笔用；
产品尺寸：高 10 ~ 15cm，直径 10 ~ 12cm；

拍摄地：（上图）浙江安吉中国竹子博物馆；
（下图）江苏溧阳南山竹海等；
拍摄者：张小开、孙媛媛；
拍摄时间：2015 年、2016 年。

竹器名称：竹砚台；
主要功能：放墨、研墨等；
产品尺寸：长 15cm，宽 10cm，高 3cm；
拍摄地：浙江省安吉县中国竹子博物馆；
拍摄者：张小开、孙媛媛；
拍摄时间：2016 年。

竹器名称：竹笔盒；
主要功能：装笔用；
产品尺寸：长 20cm，宽 4cm，高 2.5cm；
拍摄地：江苏省溧阳市；
拍摄者：张小开、孙媛媛；
拍摄时间：2016 年；

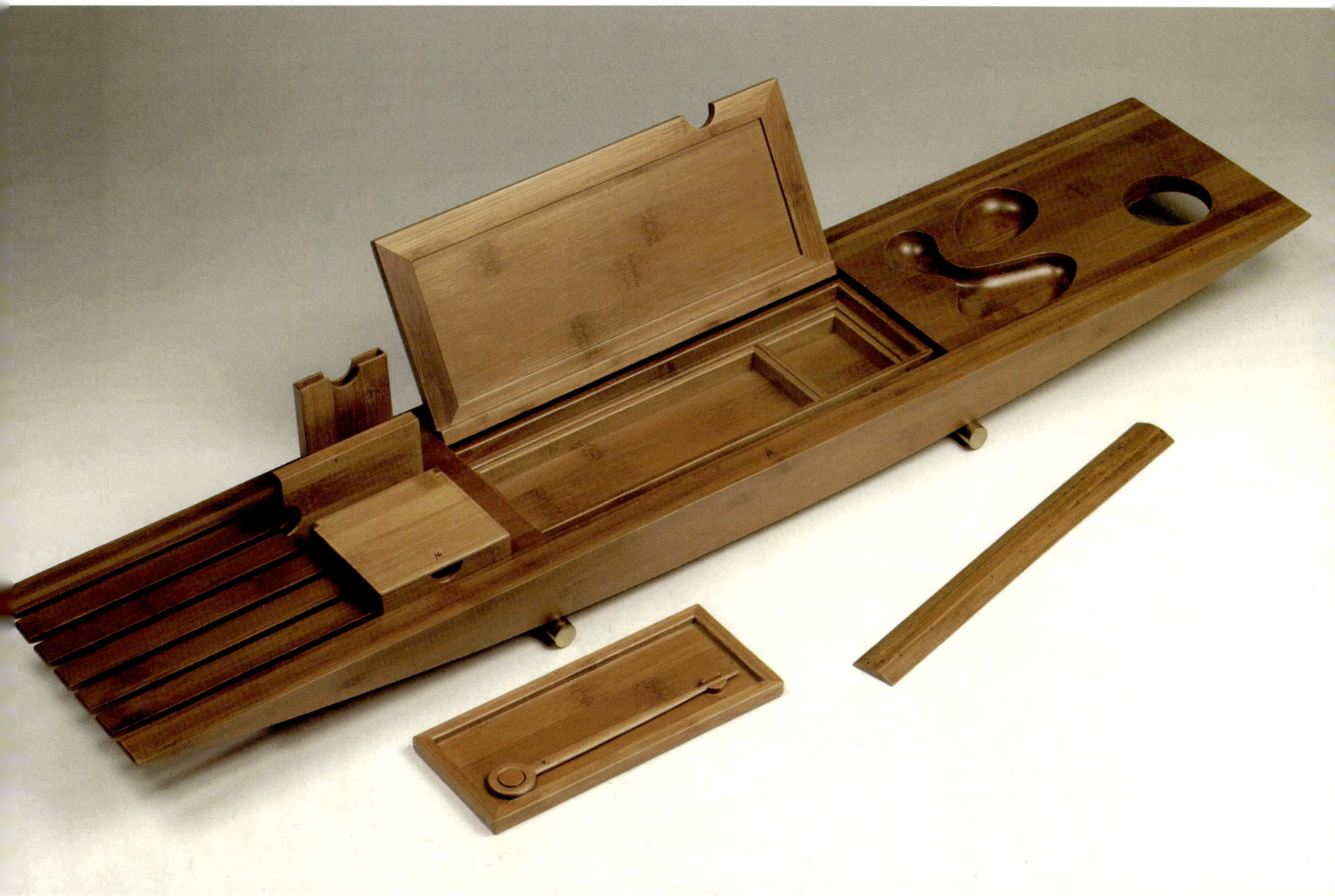

竹器名称：竹笔盒；
设计者：刘文煌；
主要功能：文具收纳；
产品尺寸：长 70cm，宽约 15cm，高 5cm；
拍摄地：台湾省南投县；
图片来源：南投县竹艺博物馆官网；
拍摄时间：2015 年。

竹器名称：臂搁；
主要功能：装饰等；
产品尺寸：长 16 ~ 25cm，宽 6 ~ 8cm；
拍摄地：浙江省宁波市；
拍摄者：不详；
图片来源：https://murenjv.taobao.com/；
拍摄时间：2016 年。

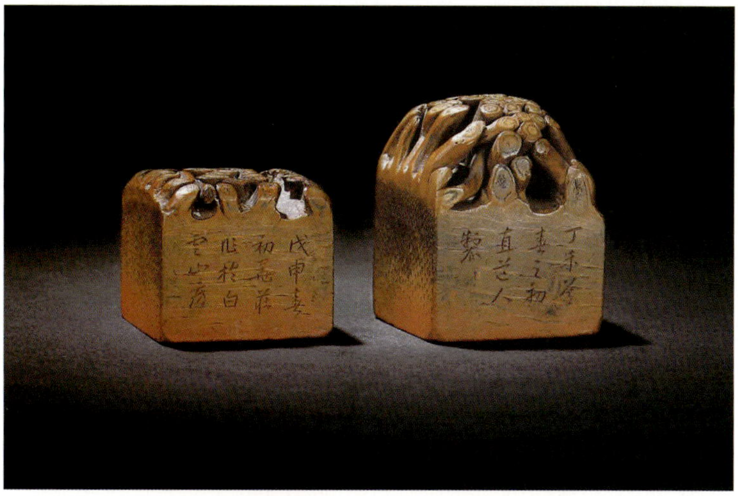

竹器名称：竹根印；
主要功能：落款、装饰等；
产品尺寸：（左图）4.2×4×3.7cm；
（右图）4.4×4×5.4cm；
拍摄地：浙江省宁波市；
拍摄者：不详；
图片来源：http://www.xlysauc.com；
拍摄时间：2016年。

竹器名称：竹根印；
主要功能：落款、装饰等；
产品尺寸：（左）4×4×7.8cm，
（右）5.2×5.1×6.6cm；
拍摄地：浙江省宁波；
拍摄者：不详；
图片来源：http://www.xlysauc.com；
拍摄时间：2016年。

7.2 茶饮类

中国是茶的故乡，也是茶文化的发源地。茶的发现和利用已有4700多年的历史，茶文化长盛不衰，流行全球。茶发于神农，闻于鲁周公，兴于唐朝，盛于宋代，普及于明清。茶饮类器具在唐宋时期就已经系统化和专业化。

唐代《茶经》中记载，陆羽精心设计了适于烹茶、饮茶的二十四器，共中就有用竹材制作的各类茶具。

同茶饮有关的竹器一直沿用至今，直到现在这些茶饮竹具的形制都没有改变。

（1）竹茶盘

竹茶盘是置茶壶、茶杯及茶道工具套件的竹器。竹茶盘不能用于浇杯、浇壶等。

（2）茶船

茶船又名“茶杋”或“盏托”，亦称“茶杋子”等。其用途为防茶盏烫手，因其形似舟，遂名之茶船，上层为可漏水的茶盘。

茶船造型一般有方形、矩形、圆形、椭圆形等，最传统的则是舟形。竹材是制作茶船常用的材料。

（3）茶具套件

功夫茶具套件指“茶道六用”或“六君子”，分别是茶则、茶夹、茶针、茶匙、茶漏和茶筒。有木制的、金属制的，也有竹制的，竹制的最常见。

茶则又称茶勺，为盛茶入茶壶的工具，也可做量茶叶用的量具，带有勾形，常见的简易茶则是直接使用一段竹片制成。

茶夹又称茶筷，常用于夹取茶杯、茶盏以及茶壶中的茶渣，与夹子功能相似，但专门用于茶道。竹制的茶夹具有良好的弹性和自然的优点。

茶针主要用于疏通茶壶的内网，以防茶渣堵住茶壶等，形态类似一根竹针。

茶匙又称茶拔、茶扒，细长且带有小勺，主要用于挖取壶内泡过的茶渣，也可用于分拔茶叶至壶中。

茶漏是放在茶壶口上，引导茶入壶，常见的似圆斗形，可以直接套在壶口上，功能似漏斗。

茶筒则是盛放茶艺器具的筒，多用竹筒制成。

(4) 茶筅

茶筅是宋代“点茶”时用以调茶的工具，用竹子制成，明代以后，中国人改为用茶叶泡茶，调搅茶粉的技艺只在日本留传，因此，现在主要是日本在使用茶筅。

竹器名称：茶船；
主要功能：放置茶具；
产品尺寸：长 40cm，宽 17cm，厚 1.5cm；
拍摄地：江西省景德镇市；
拍摄者：郭洪刚；
拍摄时间：2016 年。

竹器名称：茶船；
主要功能：茶道用具；
产品尺寸：长 40cm，宽约 20cm，高 5cm；
拍摄地：台湾省；
图片来源：不详；
拍摄时间：2016 年。

竹器名称：茶具四件套（茶则、茶夹、茶针、茶匙）；
主要功能：喝茶、调茶用具；
产品尺寸：茶夹长 18cm；
茶匙长 18.5cm；
茶针长 18cm；
茶则长 14.5cm，宽 3.5cm；
拍摄地：江西省景德镇市；
拍摄者：郭洪刚；
拍摄时间：2016 年。

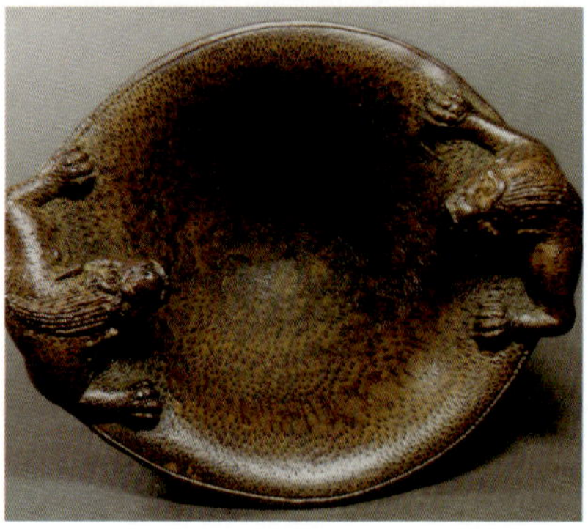

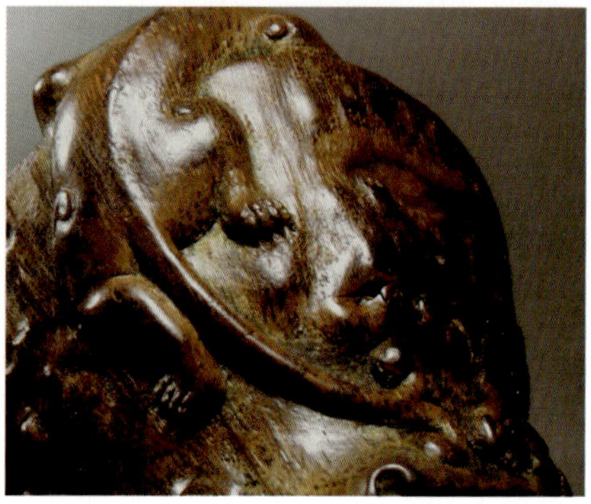

竹器名称：老竹根双龙杯；
主要功能：喝茶、调茶用具；
产品尺寸：高 5.9cm，直径 10cm；

拍摄地：不详；
图片来源：盛世收藏网；
拍摄时间：2016 年。

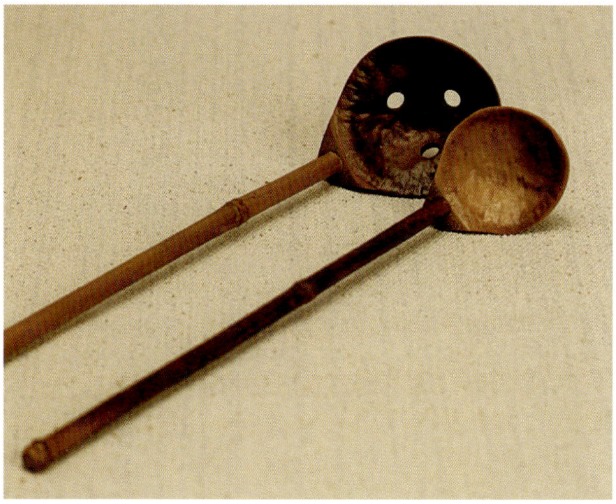

竹器名称：茶杯架、茶滤手、竹根茶刷、茶漏、茶船；
主要功能：喝茶、调茶用具；
产品尺寸：各异；
拍摄地：浙江省湖州市；

拍摄者：不详；
图片来源：https://shop135409087.taobao.com;
拍摄时间：2016年。

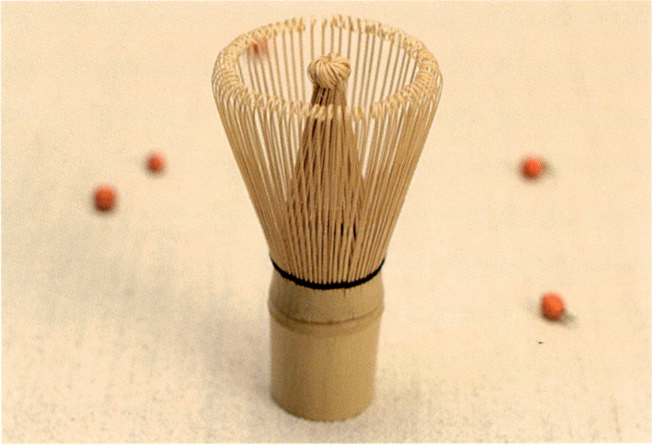

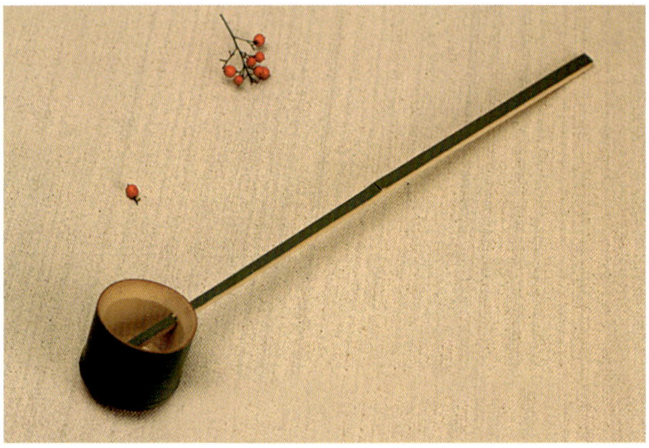

竹器名称：茶筅套件；

主要功能：过滤茶叶等；

产品尺寸：茶筅高 10 ~ 15cm 不等，最大直径 6cm；竹瓢直径 3 ~ 5.5cm，长 20 ~ 40cm 不等；

拍摄地：浙江省湖州市；

拍摄者：不详；

图片来源：https://shop135409087.taobao.com;

拍摄时间：2016 年。

竹器名称：茶具柜；
主要功能：储存茶具；
产品尺寸：长 30cm，宽 18cm，高 45cm；
拍摄地：江西省景德镇市；
拍摄者：郭洪刚；
拍摄时间：2016 年。

7.3 文玩类

文玩类竹器不是指文物，而是指跟文化活动有一定关系的赏玩竹器。主要有诗画竹扇、竹制棋、手串、竹根碗、竹根罐、竹戒指、鸟笼及蛐蛐笼等。

（1）诗画竹扇

诗画竹扇是指在扇面上绘制传统国画或书写文字的竹扇。

（2）竹制棋

竹制棋有竹制的中国象棋、围棋罐等。“竹”在中国传统文化中多与文人活动有关，使用竹制棋类器具，是文人的一大爱好。时至今日，竹制棋类器具仍受到人们的喜爱。

（3）竹手串和竹戒指

竹制手串和竹制戒指因具有一定的文化意义，因此现代仍有一些人喜爱他们。手串中的竹珠和戒指表面大都为竹材本色和肌理，显示了竹材的天然特性。

（4）竹根碗和罐

这两种竹器是用竹根制作的，具有一定的装饰性，但又不同于竹根雕，所以将其归于文玩类。这两种竹器具有观赏性和实用性等特点。

（5）鸟笼

鸟笼由板顶、笼架、笼条、笼门、笼钩、底圈、笼底组成，配件有盛粪板、晒杠、鸟食罐、水缸、玉扳指、马尾弦线等。配件由木或者竹制的，竹材是制作鸟笼常用的材料。

竹制的鸟笼一般使用竹竿或竹片做框架，使用细竹条制作笼身。

（6）蛐蛐笼

蛐蛐笼的体型较小，一般为手把件，可不考虑其稳定性，因此蛐蛐笼大多制成没有底的尖底造型，采用竹编制作。

竹器名称：围棋罐、竹筒书、折扇；
主要功能：各异；
产品尺寸：各异；

拍摄地：江苏省溧阳市；浙江省绍兴市；
拍摄者：张小开、孙媛媛；
拍摄时间：2016 年。

竹器名称：竹皮书签；
主要功能：做标记；
产品尺寸：长 10 ~ 15cm，宽 4cm；
拍摄地：江苏省溧阳市；
拍摄者：张小开、孙媛媛；
拍摄时间：2016 年。

竹器名称：竹象棋；
主要功能：娱乐、休闲；
产品尺寸：棋盘长 40cm，宽 20cm；

拍摄地：江苏省溧阳市；
拍摄者：张小开、孙媛媛；
拍摄时间：2016 年。

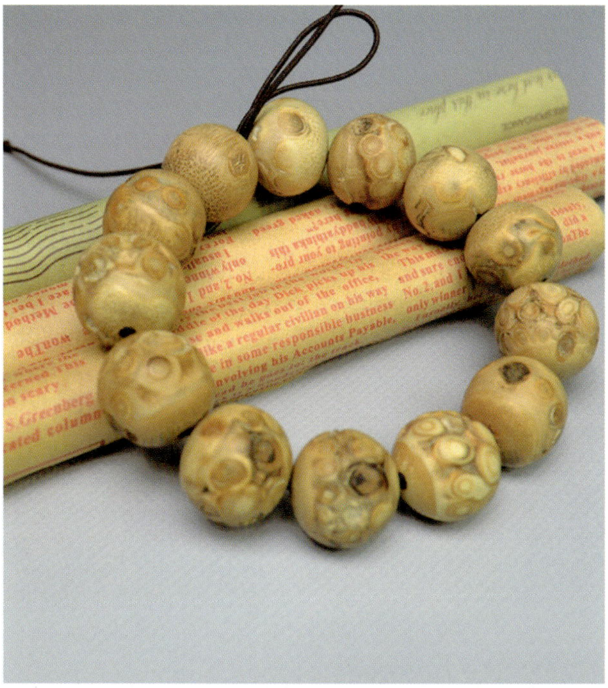

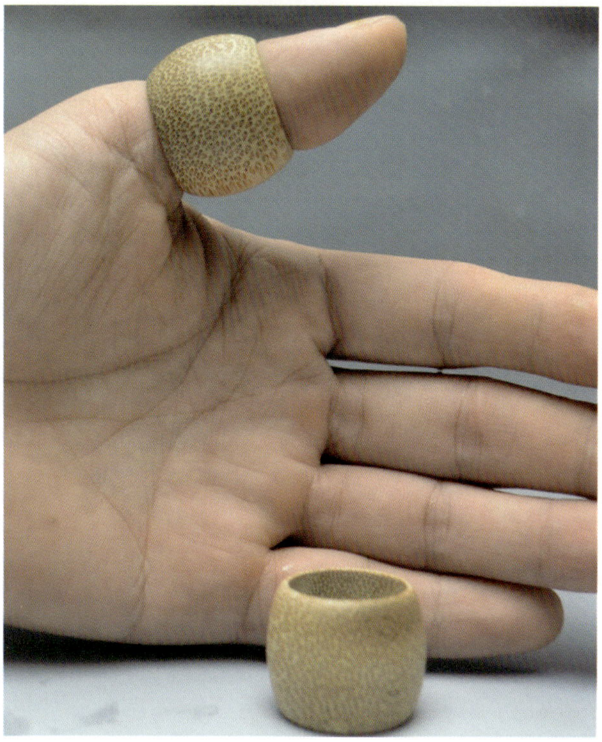

竹器名称：竹手串、竹戒指；
主要功能：装饰；
产品尺寸：（手串）直径约 10cm；
　　　　　（戒指）外径 3cm，内径 2.15cm；

拍摄地：湖南省长沙市；
拍摄者：不详；
拍摄时间：2016 年。

竹器名称：（左图）竹根碗；
主要功能：陈设、装饰；
产品尺寸：直径 9cm，高 7cm；
拍摄地：湖南省长沙市；
拍摄者：不详；
拍摄时间：2016 年。

竹器名称：（右图）竹根罐；
主要功能：储物、陈设、装饰；
产品尺寸：直径约 10cm，高约 10cm；
拍摄地：湖南省长沙市；
拍摄者：不详；
拍摄时间：2016 年。

竹器名称：鸟笼；
主要功能：养鸟、遛鸟用；
产品尺寸：直径约 35cm，高 50cm；
拍摄地：河北省承德市；
拍摄者：张小开、孙媛媛；
拍摄时间：2015 年。

竹器名称：（左图）蛐蛐笼；
主要功能：养蛐蛐；
产品尺寸：最大直径 8cm，高 12cm；
拍摄地：贵州省三穗市；
拍摄者：不详；
拍摄时间：2016 年。

竹器名称：（右图）蛐蛐笼；
主要功能：养蛐蛐；
产品尺寸：长 15.5cm，腹径 6cm；
拍摄地：广东省广州市；
图片来源：中华古玩网；
拍摄时间：2016 年。

7.4 其他类

还有一类竹器是专供宗教活动使用的，如竹香炉和竹香筒等。

竹香炉比较少见，因为大多数香炉都为陶瓷或金属制品。竹制香炉采用较大直径的竹根部分旋切而成，并保留竹材的肌理效果，使其显得淡雅、朴素而又有寓意。

竹香筒是精致的竹制器具，使用竹筒制作或使用竹片围合而成。对竹筒制作的竹香筒使用竹刻或竹雕工艺装饰，对竹片围合的竹香筒则采用竹黄工艺装饰。

竹器名称：竹香炉；
主要功能：宗教、祭祀用具；
产品尺寸：高度10cm，箕直径10 ~ 12cm；

拍摄地：不详；
图片来源：盛世收藏网；
拍摄时间：2015年。

竹器名称：竹香筒；
主要功能：储存香；
产品尺寸：高 23.6cm，长 8.3cm，宽 6.4cm；

拍摄地：福建省厦门市；
图片来源：中华古玩网；
拍摄时间：2016 年。

第8章 竹制乐器

竹器乐器在我国出现的历史较为悠久，在汉代《说文解字》就已经记载了“箫、箹、龠、管、竽、篎、笙、笛、篁、筑、箟、筝、箫、箛、筒、箖、籁”等17种竹乐器。有些乐器虽然在形制上相近，但称谓不一样，造型也有一定的区别。至魏晋南北朝时期，竹制乐器的发展更为迅速，南朝梁《玉篇》中记载的竹制乐器种类已经有“箫、篴、竽、笙、篁、箟、箫、筒、籁、箹、管、篎、笛、筑、筝、箛、箖、筚、篴、笳、篴、篪、篪、篁、箮、箫、箜、笅、篷”等30余种，大大超过《说文解字》中介绍的乐器种类。但有些竹制乐器后来逐渐不再使用或失传，近现代还在使用的竹制乐器已经很少。

序　号	类　别	包 含 种 类
1	敲击类	竹鼓、竹片琴、牛玲、竹梆子、竹快板、筑等。
2	拉弹类	京胡、筝、箜篌等。
3	吹奏类	笛子、葫芦丝、箫、芦笙、笙、竽、筚篥、尺八等。

8.1 敲击类

(1) 竹鼓

竹鼓是竹制打击乐器，也属于伴奏乐器。形制与传统的鼓类似，与传统大鼓不同之处在于竹鼓是不使用“鼓皮”，而使用较薄的竹板做鼓面，敲击方法也与传统大鼓相同。在溧阳市南山竹海博物馆有一套竹制排鼓，其中有5个大小不一的平放竹鼓和一个竖放大竹鼓。

(2) 竹片琴

竹片琴使用不同大小的竹片、竹筒组装的打击乐器，竹片的长度有规律的增加，随着长度的变化，声音也随节奏变化。竹片琴使用的竹片及竹筒较多，音节变化比较丰富。但这一类竹制乐器更适合做辅助乐器。

(3) 牛玲

在西方乐器中，牛铃是一种打击乐器，状如四棱锥。在流行音乐中偶尔使用，在某些乐曲形式（如萨尔萨舞曲）中却是常规乐器。牛玲一般使用金属制作，国内也有使用竹筒制作的牛玲，常见的竹牛铃是7个一组，大小不一，每个牛玲代表一个音节。

(4) 竹梆子

竹梆子是简单的打击乐器。最早的竹梆子是古代巡更或衙门用以召集人群所敲的响器，用竹子或挖空的木头制成。明末清初（17世纪），随着梆子腔戏曲的兴起，梆子变成了一种打击乐器，又叫梆板。梆子用于中国各类民族乐队，用于伴奏各种梆子腔，在强拍上使用，借以增加气氛。

（5）竹快板

由大竹板两片，小竹板四五片，上端各钻两孔穿绳制成。有的竹快板在每两片竹板之间的孔上各垫一块铜钱。竹快板是演员进行快板艺术表演时使用的一种击打乐器。

（6）筑

筑为古老的击弦乐器，有十三弦。弦下设筑。演奏时，左手按弦一端，右手执竹尺击弦发音。“高渐离击筑，荆轲和而歌”中的“筑”指的就是这种乐器。筝与筑是差不多同时代的古代竹制乐器。

竹器名称：竹鼓（一）；
主要功能：伴奏；
产品尺寸：最大直径80cm，最小28cm；

拍摄地：江苏省常州市南山竹海；
拍摄者：张小开、孙媛媛；
拍摄时间：2016年。

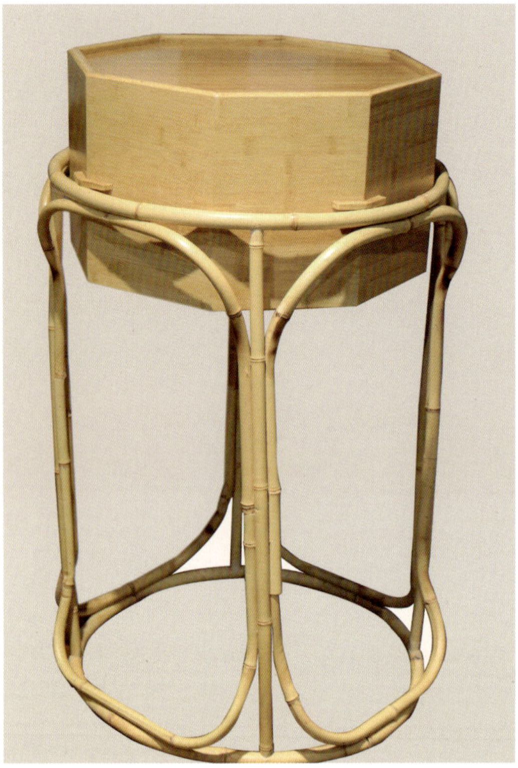

竹器名称：竹鼓（二）；
主要功能：伴奏；
产品尺寸：最大直径 80cm，最小 28cm；

拍摄地：江苏省常州市南山竹海；
拍摄者：张小开、孙媛媛；
拍摄时间：2016 年。

竹器名称：竹片琴；
主要功能：伴奏；
产品尺寸：高 70cm，长 100cm，最大宽度 70cm，最小宽度 40cm；
拍摄地：江苏省常州市南山竹海；
拍摄者：张小开、孙媛媛；
拍摄时间：2016 年。

竹器名称：牛玲；
主要功能：伴奏；
产品尺寸：高 130cm，宽 80cm；
拍摄地：江苏省常州市“南山竹海”；
拍摄者：张小开、孙媛媛；
拍摄时间：2016 年。

竹器名称：（左图）快板、（右图）竹梆子；
主要功能：伴奏；
产品尺寸：（快板）长 10 ~ 15cm，宽 5cm 左右；
（竹梆子）长 20cm，宽 8cm，高 3 ~ 4cm；

拍摄地：（快板）天津市；
（竹梆子）江苏省常州市南山竹海；
拍摄者：张小开、孙媛媛；
拍摄时间：2016 年。

8.2 弹拉类

（1）京胡

京胡又称胡琴，是18世纪末期，随着传统戏曲京剧的形成，在拉弦乐器胡琴的基础上改制而成的传统拉弦乐器。京胡至今已有200多年的历史，京胡是京剧的主要伴奏乐器。

京胡由琴杆、琴筒、弦轴、千斤钩、琴码、琴弦和弓子等构成。琴杆、琴筒都是竹制。琴杆置有千斤钩，筒口蒙蛇皮。京胡用马尾弓拉奏。

琴杆又名担子，多用紫竹、白竹、龟背竹或染竹制成，通常有5节，在上方的第一节和第二节上，各装有一根弦轴，下端的底节插入琴筒中。在筒里的一段杆身上，开有长方形、前后对穿的风口，它是琴筒的复共鸣部分。琴筒为圆筒状，用毛竹制成。弦码用竹材制成，有桥空式和空心式两种。弓子用富有弹性的江苇竹制作，烘烤两端使其弯曲，在弓的尾部系上一股马尾，马尾置于两弦间摩擦琴弦而发音。

（2）筝

筝是现在仍用于演奏的中国古丝弦乐器。秦朝丞相李斯于公元前237年上书秦王嬴政时就提过筝，故又名“秦筝”。古筝有十三根弦，现代的筝有二十一根弦。

（3）箜篌

箜篌是与竹有关的古拨弦乐器，相传为“汉武帝使乐人侯调所造”，有人说：“竖箜篌，胡乐也，汉灵帝好之……”因此，箜篌可能是受西域乐器影响而出现的乐器。除竖箜篌外还有一种卧箜篌，这两种乐器现均已失传。

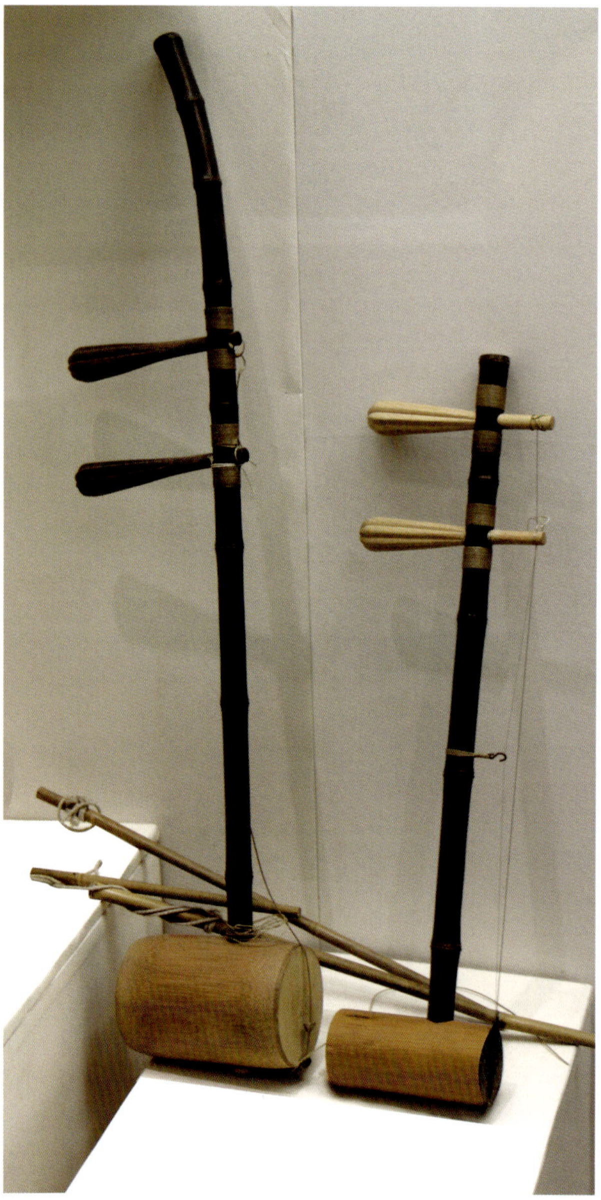

竹器名称：京胡、奚琴；
主要功能：演奏用；
产品尺寸：高 70cm；
拍摄地：浙江省安吉县中国竹子博物馆；
拍摄者：张小开、孙媛媛；
拍摄时间：2016 年。

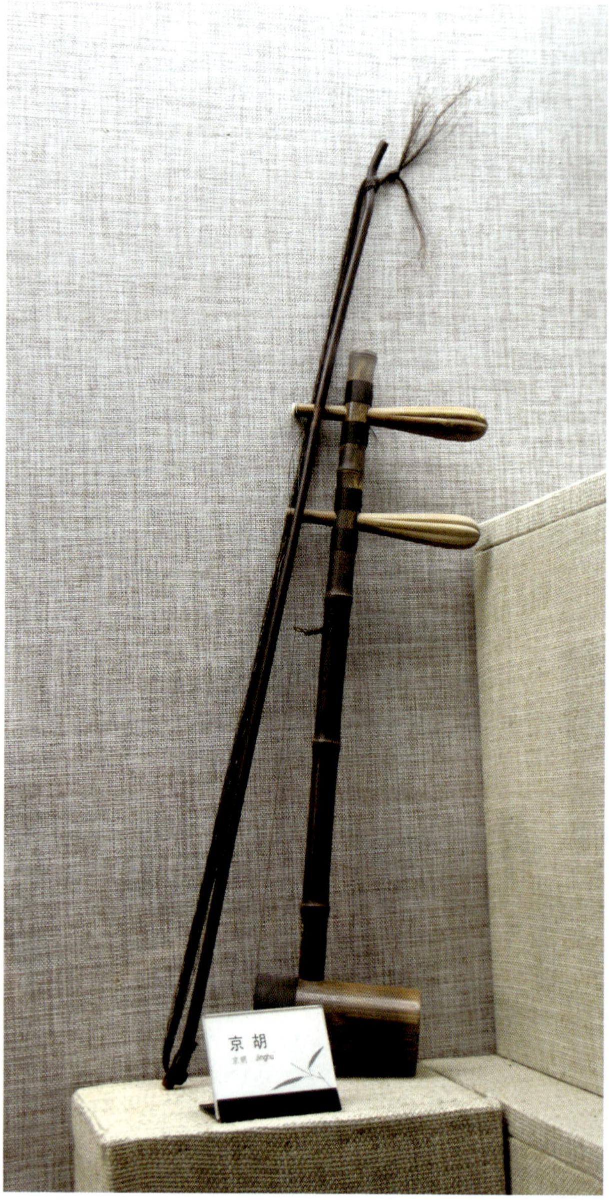

竹器名称：京胡；
主要功能：演奏用；
产品尺寸：高 60cm；
拍摄地：江苏省常州市南山竹海；
拍摄者：张小开、孙媛媛；
拍摄时间：2016 年。

8.3 吹奏类

(1) 笛子

笛子是古老的中国乐器，是传统音乐中常用的横吹木管乐器之一，也是最具代表性、最有民族特色的吹奏乐器。《史记》记载："黄帝使伶伦伐竹于昆溪、斩而作笛，吹作凤鸣。"从黄帝时期算来，竹笛已有4000多年的历史。

中国竹笛，一般分为南方的曲笛、北方的梆笛和介于两者的中音笛。在民族乐队中，笛子是举足轻重的吹管乐器，是民族吹管乐器的代表。大部分笛子是竹制的，但也有石笛、玉笛、骨笛及红木做的笛子，不过，制作笛子的最好原料是竹子，竹笛声音较好，成本较低。

竹笛由一根竹管做成，去节中空，外呈圆柱形，在管身上开有1个吹孔、1个膜孔、6个音孔、两个基音孔和两个助音孔。制作竹笛的竹材有多种，如蕲竹、苦竹、紫竹、白竹、湘妃竹等。

(2) 箫

箫分为洞箫和琴箫，皆为单管、竖吹，是中国古代吹奏乐器。它由竹子制成，吹孔在上端。按"音孔"数量分为六孔箫和八孔箫。八孔箫为现代改进的产物。

箫的构造较简单，用紫竹、黄枯竹或白竹制作，全长70～90cm，比曲笛稍长且细，管身内径1.2～1.4cm，上端留有竹节，下端和里面去节中空。吹口开在上端边沿，由此吹气发音。六孔萧在箫管中部，正面开有5个音孔，背面有1个音孔，用以控制音的高低，起着美化音色、增大音量的作用，也可系飘穗。

(3) 笙

笙为重要的簧管乐器，也是我国古老的簧管乐器。一般用13根长短不同的竹管制成，用于吹奏。它由笙簧、笙笛、笙斗3个部分组成，由笙簧振动引起笙笛内的空气振动而发音。

(4) 竽

竽为古簧管乐器，形似笙且较大，管数亦较多，战国时期至汉代曾流行，成语"滥竽充数"中的"竽"指的就是它。长沙马王堆1号汉墓中出土的竽有二十二管，分前后两排，它是发展得比较完善的乐器。

竽最早三十六管，后减至二十三管。用直径约0.8厘米的竹管刮制而成，最长者78厘米、最短者14厘米。分前后两排插在竽斗上，每排11根竹管，用4～5道蔑箍加以固定。上端系一条绛色罗绮带为饰。前排一根长竽管上端插有一个角质的"塞"。竽管及其相邻一根长竽管下端都有两个按音孔，靠近两管内侧的竽斗上有两圆孔。后排两根长管也如此。

(5) 芦笙

芦笙为西南地区苗族、瑶族、侗族等民族的簧管乐器。 发源于中原，后传入少数民族地区，前身为竽。在贵州各地少数民族居住的村寨，素有"芦笙之乡""歌舞之乡"的美誉。逢年过节，他们都要举行各式各样、丰富多彩的芦笙会，吹起芦笙，跳起舞，庆祝民族节日。

笙管多用白竹制作，白竹的竹径细、竹节长、粗细均匀、竹壁薄，通常直径在1.2cm左右、每节长40～50cm，选生长三年以上、冬至到立春前的竹子为佳，这时的竹质坚韧、表面光亮、不易虫蛀。

（6）葫芦丝

葫芦丝又称“葫芦箫”，是云南少数民族乐器，葫芦丝发源于德宏傣族景颇族自治州梁河县，主要流行于傣族、阿昌族、佤族、德昂族和布朗族等少数民族聚居的云南德宏、临沧地区，富有浓郁的地方特色。

葫芦丝的形状和构造别具一格，它由一个完整的天然葫芦、三根竹管和三枚金属簧片组成。整个葫芦做气箱，葫芦低部插进三根粗细不同的竹管，每根插入葫芦中的竹管部分，镶有一枚铜质或银质簧片，中间的竹管最粗，上面开着七个音孔，称为主管，两旁是附管，上面只设簧片，不开音孔（指传统葫芦丝），只能发出与主管的共鸣的和音。

（7）筚篥

筚篥又名“茄管”，或称“管子”，簧管乐器，以竹为管，上开八孔（前七后一），管口插有芦制的哨子。筚篥为中国管乐器之一，多用于军中和民间，为汉族、维吾尔族、朝鲜族等多个民族所喜爱。据考，筚篥在汉魏时代由西域龟兹传入内地，至唐代盛行中原。成为唐代宫廷十部乐中的主要乐器。隋唐宴享的胡乐中，以龟兹乐为主，天竺乐、疏勒乐、安国乐、高昌乐中都有筚篥。最初筚篥是用羊角和羊骨制成，而后改由竹制、芦制、木制、杨树皮制、桃树皮制、柳树皮制、象牙制、铁制、银制等，而以竹制最为普遍，因为用竹材制作较易。

（8）尺八

在隋唐时期，尺八成为宫廷中的主要乐器。《新唐书·吕才传》：“贞观时，祖孝孙增损乐律，与音家王长通、白明达更质难，不能决。太宗诏侍臣举善音者……侍中王珪、魏征盛称才制尺八，凡十二枚，长短不同，与律谐契。”因这种乐器长一尺八寸，故称尺八，属于古代吹管笛箫类乐器的一种。

尺八发展到宋代，形成五孔尺八，并经由当时日本的遣唐僧东传日本，保留至今。其技巧复杂，音色独特有古味。在日本奈良东大寺的正仓院里，还保存着我国唐代传去的八支唐式尺八。沈括《梦溪笔谈》记载：“后汉马融所赋长笛，空洞无底，剡其上孔，五孔，一孔出其背，正似今之尺八。”

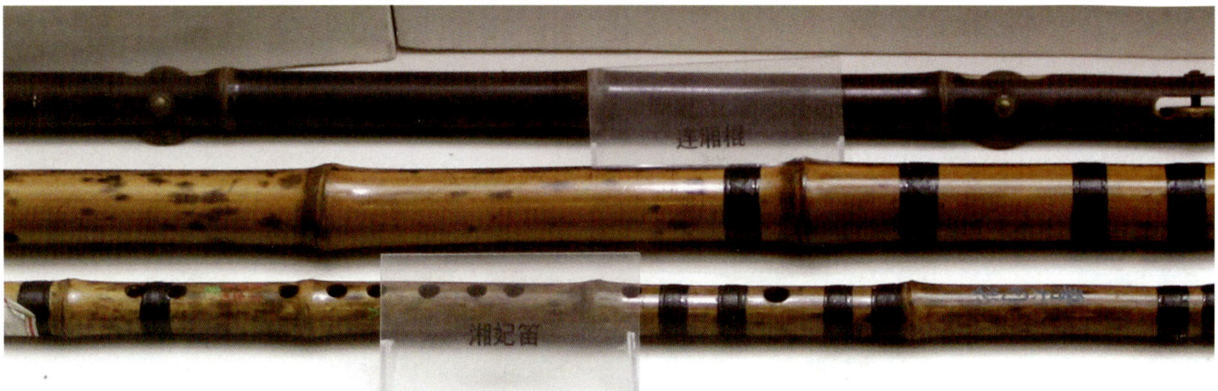

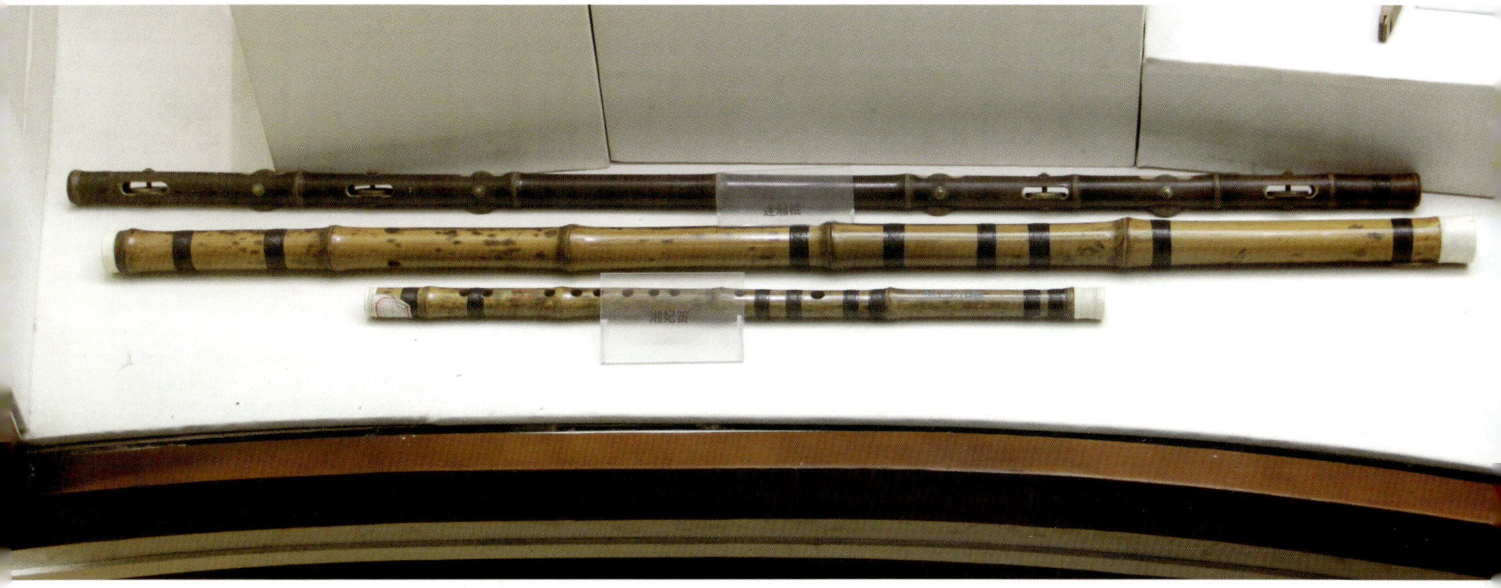

竹器名称：笛子；
主要功能：吹奏；
产品尺寸：长 35 ~ 70cm，直径 5cm 左右；

拍摄地：（上图）浙江省安吉县中国竹子博物馆；
（下图）江苏省常州市南山竹海；
拍摄者：张小开、孙媛媛；
拍摄时间：2016 年。

竹器名称：葫芦丝；
主要功能：吹奏；
产品尺寸：高 50cm，最大直径 15cm；
拍摄地：江苏省常州市南山竹海；
拍摄者：张小开、孙媛媛；
拍摄时间：2016 年。

竹器名称：尺八；
主要功能：吹奏；
产品尺寸：长 50cm，直径 5cm；
拍摄地：江苏省常州市南山竹海；
拍摄者：张小开、孙媛媛；
拍摄时间：2016 年。

竹器名称：竹箫；
主要功能：吹奏；
产品尺寸：长 50 ~ 60cm；

拍摄地：贵州省民族博物馆；
拍摄者：张小开、孙媛媛；
拍摄时间：2016 年。

竹器名称：芦笙；
主要功能：吹奏；
产品尺寸：高 80 ~ 100cm 左右；

拍摄地：（上图）广西壮族自治区桂林市阳朔县；
（下图）贵州省民族博物馆；
拍摄：张小开、孙媛媛；
拍摄时间：2016 年。

第9章 竹制工艺品

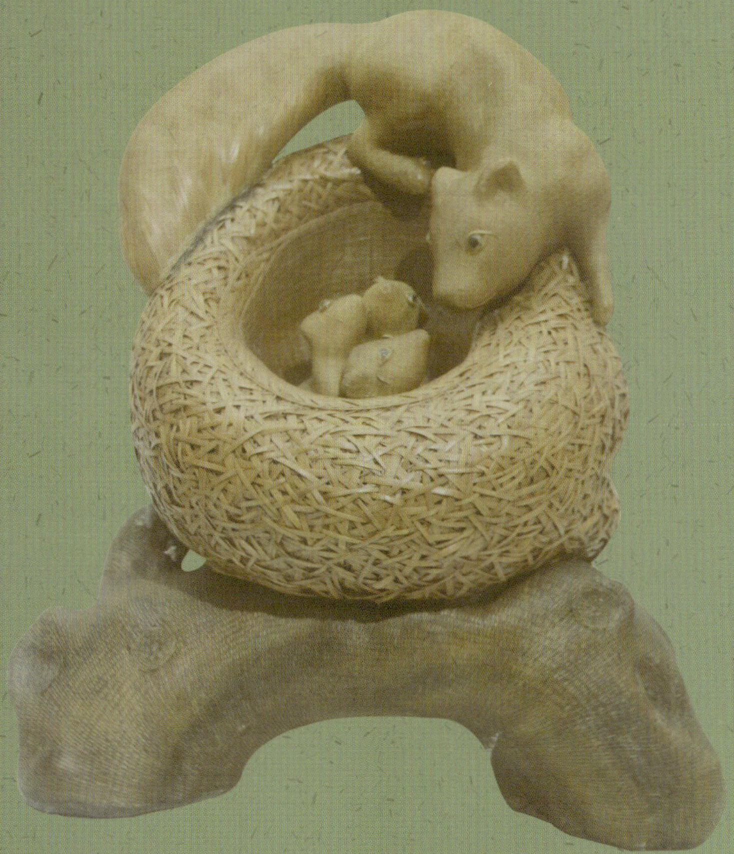

竹制工艺品是使用竹材制作的用以展示、观赏、装饰的各类器具，分为竹根类、竹刻竹雕类、竹编类、竹黄类、竹丝类、竹炭类及其他类工艺竹器。竹根类工艺品是用于展示竹根形态的竹根雕和实用性的竹根器物，如竹根烟斗等；竹刻竹雕类工艺品分为实用性的竹刻竹雕和纯装饰性的竹雕作品；竹编类工艺品体现了竹编的肌理效果和竹编的细密化特点；竹黄是使用竹黄进行贴片的工艺，一般用于木质的外表面装饰等；竹丝类工艺品采用的是嵌竹丝工艺，展现了竹丝的形态和肌理效果；竹炭类工艺品主要是利用竹炭材料的不同特性制作的各类吸附性工艺品或实用品。

序　号	类　别	包 含 种 类
1	竹根类	竹根烟斗、竹根玩具、竹根烟灰缸、竹根碗、竹根水舀等。
2	竹刻竹雕类	竹筒雕、竹根雕、竹刻、竹雕人物、竹雕动物、竹雕花鸟等。
3	竹编类	竹编动物、竹编人物、瓷胎竹编、竹编画等。
4	竹黄类	竹黄盒、竹黄盘、竹黄瓶、竹黄装饰品、竹黄套件、竹黄几等。
5	竹丝类	竹丝如意、竹丝架、竹丝盒等。
6	竹炭类	竹炭挂件、竹炭枕、竹炭瓶、竹炭罐、竹炭篓、竹炭盘、竹炭烟灰缸等。
7	其他	工艺竹伞。

9.1 竹根类

竹根类工艺品是使用竹根制作的各类工艺品。

竹根工艺品分为两类：一类是具有一定实用功能的，如竹根烟斗、竹根玩具、竹根烟灰缸、竹根碗、竹根水舀等，具有工艺审美特点和一定的实用价值；另一类是装饰性的竹根工艺品，如竹根雕，还有竹根摆件、竹根人物等。

竹鞭是竹子的主要根茎。竹根烟斗、竹根玩具等工艺品使用较细的竹鞭制作。

竹根烟灰缸、竹根碗等是使用毛竹等大竹的竹竿根部制作，因此直径较大，可达10～15cm，具有竹根独特的肌理效果。人们根据竹根的特点，制作成常见的竹碗和竹根斜切后而成的长竹碗或竹盘形状的竹根碗。

纯装饰性的竹根工艺品主要是竹根雕等作品，但也有利用竹根、竹鞭制作的装饰性摆件，用于室内装饰和观赏。

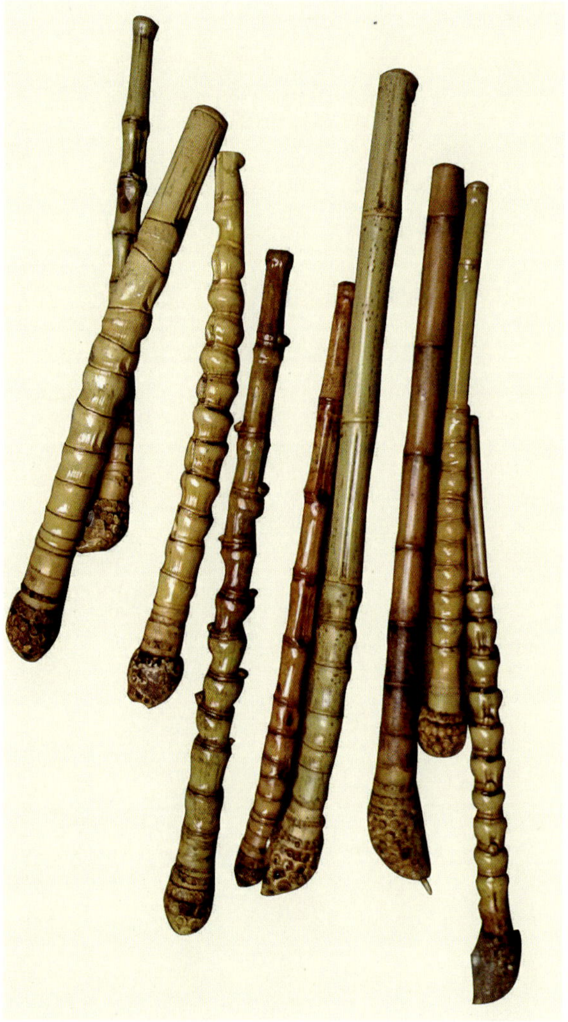

竹器名称：竹根烟斗；
主要功能：抽烟；
产品尺寸：长 15 ~ 25cm；
拍摄地：湖南省长沙市；
拍摄者：不详；
拍摄时间：2016 年。

竹器名称：竹根烟斗；
主要功能：抽烟；
产品尺寸：长 75cm，最大直径 8cm；
拍摄地：湖南省常德市；
图片来源：中华古玩网；
拍摄时间：2016 年。

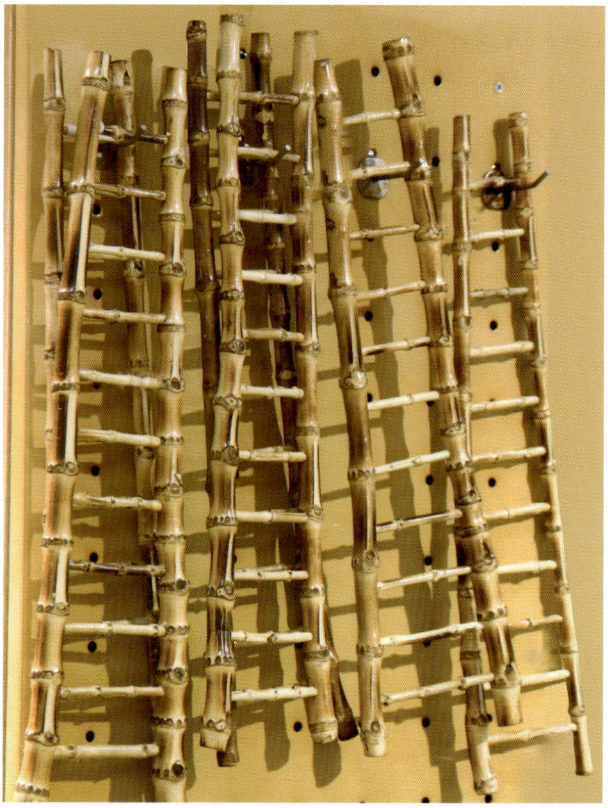

竹器名称：竹根水筒；（左上图）
主要功能：打水、装饰；
产品尺寸：长 30 ~ 50cm，直径 5 ~ 12cm；
拍摄地：江苏省常州市南山竹海；
拍摄者：张小开、孙媛媛；
拍摄时间：2016 年。

竹器名称：竹根梯；（右上图）
主要功能：装饰；
产品尺寸：高 30cm，宽 5 ~ 8cm；
拍摄地：江苏省常州市南山竹海；
拍摄者：张小开、孙媛媛；
拍摄时间：2016 年。

竹器名称：竹根摩天轮；（右下图）
主要功能：装饰；
产品尺寸：高 25cm，直径 16cm；
拍摄地：江苏省常州市南山竹海；
拍摄者：张小开、孙媛媛；
拍摄时间：2016 年。

9.2 竹刻竹雕类

竹刻和竹雕没有太清晰的界限，一般认为竹刻和竹雕属于一类，竹刻也可以称之为竹雕，指用竹根、竹材、竹器雕刻成的工艺品。传统民间雕刻艺术是用竹根雕成人物及动植物形象，或在竹材和竹器上雕刻文字、图画等。

竹刻流行于中国南方各地，明代时江南竹刻艺术达到全盛，发展为各具特色的两大流派，一派是以南京竹刻为代表的“金陵派”，一派是以嘉定竹刻为代表的“嘉定派”。 两派竹刻艺术家既在竹根上刻雕人物，又在竹制笔筒、扇骨上镌刻，有的还善于利用竹青与竹肉的不同质感创造“留青”的特殊艺术效果。嘉定派竹刻影响很大，代表人物有朱鹤、朱缨、朱稚征，历史上称之为嘉定“三朱”。金陵派以濮仲谦为首，此派竹刻风格最初简朴，后渐工细。

竹雕器按功能可分为实用器和陈设摆件两大类，实用器是以文房用品的雕刻为多见，摆件是以人物、动物、植物等为题材的圆雕作品。

实用器首先是笔筒、臂搁、洗、印章等文化用品，其次是杯、壶、盒、炉、香筒等日常用具，此外还可见到竹雕仿古器(如尊)、乐器(如萧)等。

摆件以人物、动物、花鸟、如意等为题材。摆件是陈设品，多以竹根采用圆雕、透雕等技法制成。

竹雕形式丰富，除了圆雕、浮雕等不同表现形式之外，竹雕还采用留青、贴黄、镶嵌等工艺。

(1) 圆雕

圆雕是指完全立体的雕刻，即在器具的前后左右均完整雕出形象，在不依附任何背景的情况下，可从任意角度欣赏。这种以圆雕技法刻制的器具，是以竹根为材料，根据竹的自然形态进行构思和设计，略施雕镂，使其成为或巧妙、或古朴、或精致，供人观赏的艺术品。圆雕艺人不仅要有丰富的想象力和卓越的独创性，还要有高超的雕刻技术，两者必须紧密配合。圆雕的代表人物是清代的封氏家族（封锡爵、封锡禄、封锡璋三兄弟），其竹雕作品造型新奇、精美，与明代的“三朱”一脉相承，虽然他们的雕刻技巧不像“三朱”那么朴拙，但是用刀老辣，镂雕精湛、圆熟，细如毫发，自然生动。

(2) 浮雕

浮雕是指在平面基础上雕刻艺术形象，物象近似绘画，前后体积压缩。浮雕是介于绘画和雕刻之间的艺术形式。它是先将画稿贴在刻板上，然后依据画稿进行雕刻。根据浮雕立体程度的不同，可分为“高浮雕”“浅浮雕”“薄意雕”“线雕”等。高浮雕与圆雕相接近，所雕形象起伏较一般浮雕大，有的局部为圆雕，具有很强的立体感。浅浮雕与绘画相接近，形象起伏较一般浮雕平缓。薄意雕是最浅的浮雕，所表现的形象仅是一层平缓的起伏，意到即止。

（3）留青

“留青”也称平雕，是先在竹子表面的一层青皮上雕刻图案，然后把图案之外的青皮铲去，露出竹肌。竹材干后，表皮由青转白。一两年后，表皮呈淡黄色，但此后变化不大。而竹肌则由淡黄到深黄，由深黄到红紫，故皮、肌色泽的差异会越来越明显。这种雕刻方法不仅精巧，而且竹器外表色泽莹润，若经常抚摩赏玩，年代越是久远，竹肌颜色越是深沉，光滑如脂，温润如玉，色泽近似琥珀，同时图案也越清晰突出。

（4）阴刻

阴刻是指所雕的物象低于雕面水平面的雕刻技法，而线刻是在平面的雕面上以阴刻线条造型，与绘画中白描相似。

（5）微刻

微刻也是竹刻的一种。由于竹子的纤维结构较难在表面微刻，故现代雕刻家很少在竹子上进行微刻。

（6）透雕

“透”意为穿透，透雕又称通雕。有在浮雕基础上镂空其底版使图像空灵突出，分为单面镂空雕与双面镂空雕。有的在圆雕基础上作镂空透雕，雕出内层的景物；也有的在平面上进行多层透雕，多的可达五六层。

竹器名称：各式竹雕；
主要功能：装饰；
产品尺寸：不一；
拍摄地：故宫博物院；
拍摄者：不详；
拍摄时间：不详。

竹器名称：各式竹雕；
主要功能：装饰；
产品尺寸：高 25 ~ 30cm，直径 12 ~ 15cm；
拍摄地：浙江省安吉县中国竹制博物馆；
拍摄者：张小开、孙媛媛；
拍摄时间：2016 年。

竹器名称：竹刻；
主要功能：装饰；
产品尺寸：高 15cm，底座长 40cm，宽 20cm；

拍摄地：江苏省常州市南山竹海；
拍摄者：张小开、孙媛媛；
拍摄时间：2016 年。

9.3 竹黄、竹丝类

竹黄即竹之内皮，为浅黄色，色泽光润，类似象牙，又称“文竹”“贴黄”“翻黄”等。它是以大型的南竹为材料，将新鲜的竹黄片，经过水煮、晾干、压平等工序，贴到各种形状的器物上。通常以木做胎，所用的木料有楠木、柏木、杉木、檀香木、红木、乌木和黄杨木等。尤其是黄杨木的色泽与竹黄近似，质地细腻，是上等的珍贵原料。一般先用这些木料做成各种形状的器物，然后在器物的表面贴上竹黄，有的因为装饰纹样的需要，要贴上两至三层竹黄。所刻纹饰有彩花如意、方夔、连瓣勾莲、回纹、雷纹、蝉羽纹、山水人物和花鸟等，纹样衔接紧密，接榫斗角，毫无榫迹，被誉为“天衣无缝”，其纹饰精巧美观，宛若天成。

竹黄工艺的历史并不久远，始创于清代早期的湖南邵阳地区，竹类器物有匣、盒、盘、文具等种类。当时器物表面呈鹅黄色，清淡幽雅，大多为光素，很少有纹饰。到清代中期时，竹黄工艺发展迅速，不仅在湖南邵阳、浙江嘉定两地制作竹黄器物，浙江黄岩、四川江安和福建上杭亦开始以制作采用竹类工艺。

因竹黄工艺“大料难得”，所以制作的一般是较小型的日用工艺品。在清代也偶尔能见到稍大一点的竹黄工艺品，甚至有用竹黄制作的几案。

竹丝工艺是把竹篾细分成竹丝，再把竹丝一根根嵌入器物中。嵌竹丝工艺是竹黄工艺发展衍生的一种。这种工艺耗时大，但肌理效果特别，表现力强。可以满足任何造型，一根竹丝可弯曲填充不同的形态，自身的表现力很强。

竹丝工艺最大的特点就是“丝线”的表现力极其丰富，丝线或直或曲，可以几何排列，也可以随机排列，可以形成不同的视觉感受。如故宫收藏的清代文竹嵌竹丝嵌玉荷花鸳鸯如意，长34厘米，在如意柄中，嵌入的竹丝弯曲如水波纹，在平面的柄上创造出丰富的造型效果。嵌竹丝工艺经常和竹黄工艺结合使用。

竹丝同竹黄一样，用于制作精致的小尺寸实用功能的器具或纯粹的装饰性、观赏性工艺品。

竹器名称：各式竹黄工艺器具；
主要功能：笔盒、架、盒、凳、几；
产品尺寸：不一；
拍摄地：故宫博物院；
拍摄者：不详；
拍摄时间：不详。

9.4 竹编类

竹编类工艺品采用竹编工艺制作，但又超越常规竹编制品，特别是将竹编的精细化发展到极致。它采用细竹篾编制各种动物、人物形象，如嵊州竹编的竹篾细到能在一寸长度内编进 150 根竹丝的极限，这不是一般的竹编作品能达到的。

竹编工艺品已经超出常规的实用竹器的范畴，以展示和装饰为主，也可以称之为竹编艺术，其主要形象有人物、动物、建筑等。全国知名的竹编有东阳竹编、嵊州竹编、自贡龚扇、三穗竹编等。

传统的竹编工艺品由于工艺精细和工序复杂，要投入很大的人力和很多的时间，制作成本也比较高，因而竹编工艺品是造价比较高的一种竹制工艺品。

在竹编工艺品中，瓷胎竹编最为著名。瓷胎竹编主要产地在四川，瓷胎竹编工艺品是成都地区所独有的，起源于清代中叶，当时主要用作贡品。瓷胎竹编技艺独特，以精细见长，具有“精选料、特细丝、紧贴胎、密藏头、五彩图”的特色。

瓷胎竹编工艺品使用的竹材是经过严格挑选来自成都地区特有的无节慈竹，经过破竹、烤色、去节、分层、定色、刮平、划丝、抽匀等十几道工序，制作出精细的竹丝。这种竹丝断面全为矩形，在厚薄、粗细上都有严格要求，厚度仅为一两根头发丝厚，宽度也只有四五根发丝宽，每根竹丝都通过匀刀，厚薄均匀，粗细一致。瓷胎竹编在制作过程中全凭双手和一把刀进行编织，竹

竹器名称：瓷胎竹编；
主要功能：隔热、装饰；
产品尺寸：高 20cm，底座直径 40cm。
拍摄地：浙江省安吉县中国竹子博物馆；
拍摄者：张小开、孙媛媛；
拍摄时间：2016 年，

丝依胎成形，紧贴瓷面，所有接头藏而不露，浑然天成。

瓷胎竹编工艺品的产品有瓷胎竹编花瓶、瓷胎竹编茶具、瓷胎竹编咖啡具、瓷胎竹编酒具、瓷胎竹编文具、瓷胎竹编平面画等。

竹器名称：竹编雕塑；
主要功能：装饰；
产品尺寸：高 15cm，底座长 15cm，宽 10cm；
拍摄地：浙江省安吉县中国竹制博物馆；
拍摄者：张小开、孙媛媛；
拍摄时间：2016 年。

名称：竹编雕塑；
主要功能：装饰；
产品尺寸：高 15cm，底座最长 12cm，宽 10cm；
拍摄地：浙江省安吉县中国竹制博物馆；
拍摄者：张小开、孙媛媛；
拍摄时间：2016 年。

9.5 竹炭类

竹炭是以三年以上高山毛竹为原料，经近千度高温烧制而成的一种炭。竹炭疏松多孔，质地坚硬。有很强的吸附能力，能净化空气、消除异味、吸湿防霉、抑菌驱虫。与人体接触能去湿吸汗，促进血液循环和新陈代谢，缓解疲劳。经提炼加工后，可广泛应用于日常生活中。

竹炭的主要功能和应用领域有：

（1）燃料。清洁且热效能高，它的比表面积大（木炭一般为300 m^2/g，竹炭最大可达700 m^2/g）。

（2）水质净化。竹炭是多孔性材料，拥有数目众多的微小孔洞，具有相当大的比表面积，有很强的吸附性，可以吸附水中残余的氯气及三卤甲烷等化学物质，竹炭适合净化河水和生活用水。

（3）居室调湿。竹炭作为居室的调湿剂可以遏制湿度上升和霉菌、微生物的繁衍，同时还可将竹炭放置于地板下，起到防菌、调节湿度的功效。

（4）吸附异味。竹炭的微小孔隙可以吸收冰箱中食物所产生的乙烯气体或鱼肉腐坏产生的气味，保持蔬果、鱼肉的鲜度。

（5）除湿调温。竹炭孔隙微小，能吸附湿气。当环境湿度大于竹炭内部湿度时，竹炭就除湿；当太干时，竹炭就释放出水气，以保持空气干湿平衡。因此竹炭具有良好的除湿和调温效果。

（6）保健产品。利用竹炭的多孔结构和吸附特性，可吸附汗水、口水及室内湿气，且能释放香气，提高睡眠质量。

（7）花果保鲜。花瓶中放入几片竹炭，能够延缓鲜花生命；水果箱中放入几片竹炭，能达到保鲜效果。

（8）美容美肤。竹炭的多孔质六角形结构能够去除毛细孔污垢、促进新陈代谢，洗净效果较好。

借助上述不同性能和用途，竹炭可以制成不同的实用品和工艺品。实用品主要有竹枕、竹炭包（用于吸甲醛等用），工艺品则有竹炭制成的瓶、盘、挂饰等装饰性或观赏性的器物。

竹器名称：竹炭挂件；
主要功能：装饰、净化空气等；
产品尺寸：大小各异；

拍摄地：上海市竹博会；
拍摄者：张小开；
拍摄时间：2006 年。

竹器名称：竹炭枕头；
主要功能：休息、净化空气等；
产品尺寸：长 60cm，宽 30cm，高 15cm；
拍摄地：上海市竹博会；
拍摄者：张小开、蒋兰；
拍摄时间：2006 年。

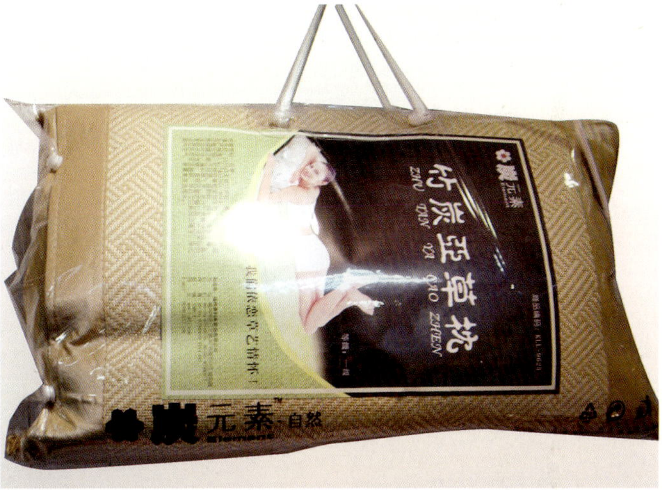

竹器名称：竹炭罐；
主要功能：存储、净化空气；
产品尺寸：罐高 20cm，直径 12cm；
烟灰缸直径 15cm，高 6cm；
拍摄地：上海市竹博会；
拍摄者：张小开、蒋兰；
拍摄时间：2006 年。

竹器名称：竹炭工艺盘；
主要功能：装饰、净化空气等；
产品尺寸：（左图）直径 30cm；（右图）直径 25cm；

拍摄地：（左图）浙江省安吉县；（右图）江苏省溧阳市；
拍摄者：张小开、孙媛媛；
拍摄时间：2016 年。

竹器名称：竹炭工艺品；
主要功能：装饰、净化空气等；
产品尺寸：（下左图）高 25cm，直径 20cm；（下中图）高 45cm，直径 20cm，筒高 20cm，直径 10cm；（下右图）高 40cm，直径 20cm；

拍摄地：（下左图、下中图）江苏省溧阳市；（下右图）浙江省安吉县；
拍摄者：张小开、孙媛媛；
拍摄时间：2016 年。

9.6 工艺竹伞

工艺竹伞是一种晴天使用的伞，一般不在雨天使用，具有浓郁的中国特色，是装饰用的。一般使用竹、木等制作伞骨，再使用油纸或丝织物等制作伞面。

工艺竹伞是从中国传统的油纸伞发展而来的，沿用了近两千年，直到钢架伞等现代雨伞的出现，传统的油纸伞才逐渐从人们的生活中退出。但纸伞的装饰、怀旧等文化功能又逐渐得到人们的认可和重视。工艺竹伞既可以做装饰性道具，也可以作为馈赠的特色礼品或旅游纪念品等。

竹器名称：工艺竹花伞
主要功能：遮阳、装饰
产品尺寸：长 50 ~ 70cm 不等

拍摄地：广西壮族自治区丙安古镇
拍摄者：张小开、孙媛媛
拍摄时间：2016 年

第10章 竹制室内产品与竹制建筑

竹制室内产品与竹制建筑产品是竹制品新领域，包括竹制室内装饰、竹制建筑构件等。主要有竹地板类、竹帘类、展示类、装饰类、竹架类、竹屋单体类、竹屋构件类、竹建筑等种类。

竹制室内产品与建筑的材料主要有竹竿、竹席、竹集成材等，其中竹竿、竹席属于传统材料，竹集成材则是现代型材。竹材由于其独特的材料形态和自然风格，以及中国竹文化内涵，使竹制室内产品具有独特的个性能传达一定的文化内涵。

序　号	类　别	包 含 种 类
1	竹地板类	原色竹地板、碳化竹地板、重组竹地板。
2	竹帘类	各式竹帘。
3	展示类	展示架、信息牌、竹制室内展厅等。
4	装饰类	竹筒花器、竹编室内装饰、竹竿类室内装饰。
5	竹架类	多功能竹架、各式竹廊、植物支架等。
6	竹屋类	竹瓦、竹门、竹屋。
7	竹建筑类	竹建筑等。

10.1　竹地板类

（1）竹地板

竹地板是一种新型装饰材料，以天然优质竹子为原料，经过二十几道工序，脱去竹子原浆汁，经高温、高压拼压，再经过涂刷多层油漆，烘干而成。竹地板有竹子的天然纹理，给人清新淡雅、回归自然的感觉。

竹地板可分为原色竹地板和炭化竹地板。原色竹地板保持竹材原有的色泽，而炭化竹地板要经过炭化处理，使竹片的颜色加深，并使色泽均匀一致。

竹地板有以下几方面的优点：

（1）冬暖夏凉。竹地板的突出优点是冬暖夏凉。竹子因为导热系数低，自身不吸热和不放热，特别适合于铺装在客厅、卧室、健身房、书房、演播厅、酒店宾馆等地面及作为墙壁装饰。

（2）寿命长。竹地板理论上的使用寿命可达20年左右，但正确使用和保养可延长其使用寿命。

（3）外形美观。竹板具有竹纤维的肌理效果及竹节压平后的清新、自然的视觉感受。在众多不同材质的地板中具有独特的个性和文化内涵。

竹地板最大的缺点就是在制作过程中经过热压胶合，会释放甲醛等对人体有害的化学物质。但随着竹地板业环保标准的不断提高，经过检测合格的竹地板，其甲醛释放量已经降到0.5 mg /L，是符合安全标准的。

（2）重组竹地板

重组竹又称重竹，是一种将竹材重新组织并强化成型的竹质新材料。将竹材加工成长条状竹篾、竹丝或碾碎成竹丝束，经干燥后浸胶，再使其达到要求的含水率，然后铺放在模具中，经高温、高压热固化而成。

重组竹地板是使用重组竹制作的地板。重组竹具有密度大、防腐、防虫、防潮等特点，它是改良后的新型竹地板，可以用于户外，经久耐用。

竹器名称：各式竹地板；
主要功能：铺装地面等；
产品尺寸：长 120cm，宽 20cm；
拍摄地：天津市；
拍摄者：张小开、孙媛媛；
拍摄时间：2016 年。

竹器名称：重组竹地板；
主要功能：铺装地面等；
产品尺寸：最长达 750cm，最宽达 125cm，最厚达 4.5cm；

拍摄地：重庆市；
图片来源：http://www.cqsmdb.com;
拍摄时间：2015 年。

10.2 竹帘类

竹帘是使用竹材制成的门或窗户的帘子，古时也用作马车的围帘。竹帘主要有卷帘、推拉帘和折叠帘。竹帘主要使用细竹竿和竹片、竹条及竹丝等不同的竹材制作而成。由直径较大的竹竿或竹片等制成的竹帘相对粗放，由竹条或竹丝制成的竹帘则精致和细密。

知名竹帘有重庆的梁平竹帘，梁平竹帘工艺和制作历史已达上千年。据《梁山县志》记载，在北宋太宗年间，有一位名叫燕洪顺的人，用手工破竹取丝，以针缝线连的方法将竹丝编织成薄如罗绢，洁净透明的在造纸过程中用来舀纸（过滤纸浆）的工具，提高了造纸的效率和质量。后来官府发现此物工艺精巧，用此作帘可由近观远，以暗观明，反之则朦胧模糊，且文雅素净，独具品位，于是将燕姓匠人请至官府，专造竹帘。梁平竹帘后逐步发展成门帘、轿帘、窗帘等多处品种，并被列为皇家贡品。

竹器名称：竹帘；
主要功能：遮阳、装饰等；
产品尺寸：尺寸不一；

拍摄地：浙江省、江苏省等地；
拍摄者：张小开、孙媛媛；
拍摄时间：2016年。

10.3 展示类

展示类竹器主要是使用竹材制作的各类展示架、展示牌、展示墙等。

展示类竹器可以分为两类：一类是传统的以竹竿、竹席、竹筒等组成的展示型平面、立面或有机形态等，但一般以平面、立面为主；第二类是以现代理念设计的多种材料组合的展示立面等，如竹材与玻璃、金属、木材组合。

（1）展示架

传统的竹制展示架由竹竿制作的空心架和竹竿排列形成的实心架或平面制成。但现代新型的竹制展示架则大多使用竹竿作支撑结构，使用铁皮、玻璃等作为展示信息的平面，这样既能展现竹材的美感，又能使用工业化标准材料批量制作。

还有一种比较独特的展示架，如溧阳市南山竹海博物馆有一批使用双层玻璃内置竹材切片的展示架，既能展示信息，又能体现带节竹切片的形态美。这属于创新性的竹制展示架。

（2）展示墙

在室内公共环境中，往往需要有一定的展示面，使用竹材制作展示墙，能够起到独特的视觉效果。竹制展示墙既可以使用相同形式的竹材拼制，也可以使用多种不同形式的竹材拼制，还可以配合其他材质以及灯光效果制作更丰富的展示墙。

竹制展示墙具有自然竹材的视觉效果，还具有丰富的竹材排列、组合及空洞等视觉效果，有独特的展示力。

竹器名称：信息牌；
主要功能：展示导向、介绍、指示等资讯用；
产品尺寸：高 110cm，宽 55cm，厚 35cm；
拍摄地：江苏省常州市南山竹海；
拍摄者：张小开、孙媛媛；
拍摄时间：2016 年。

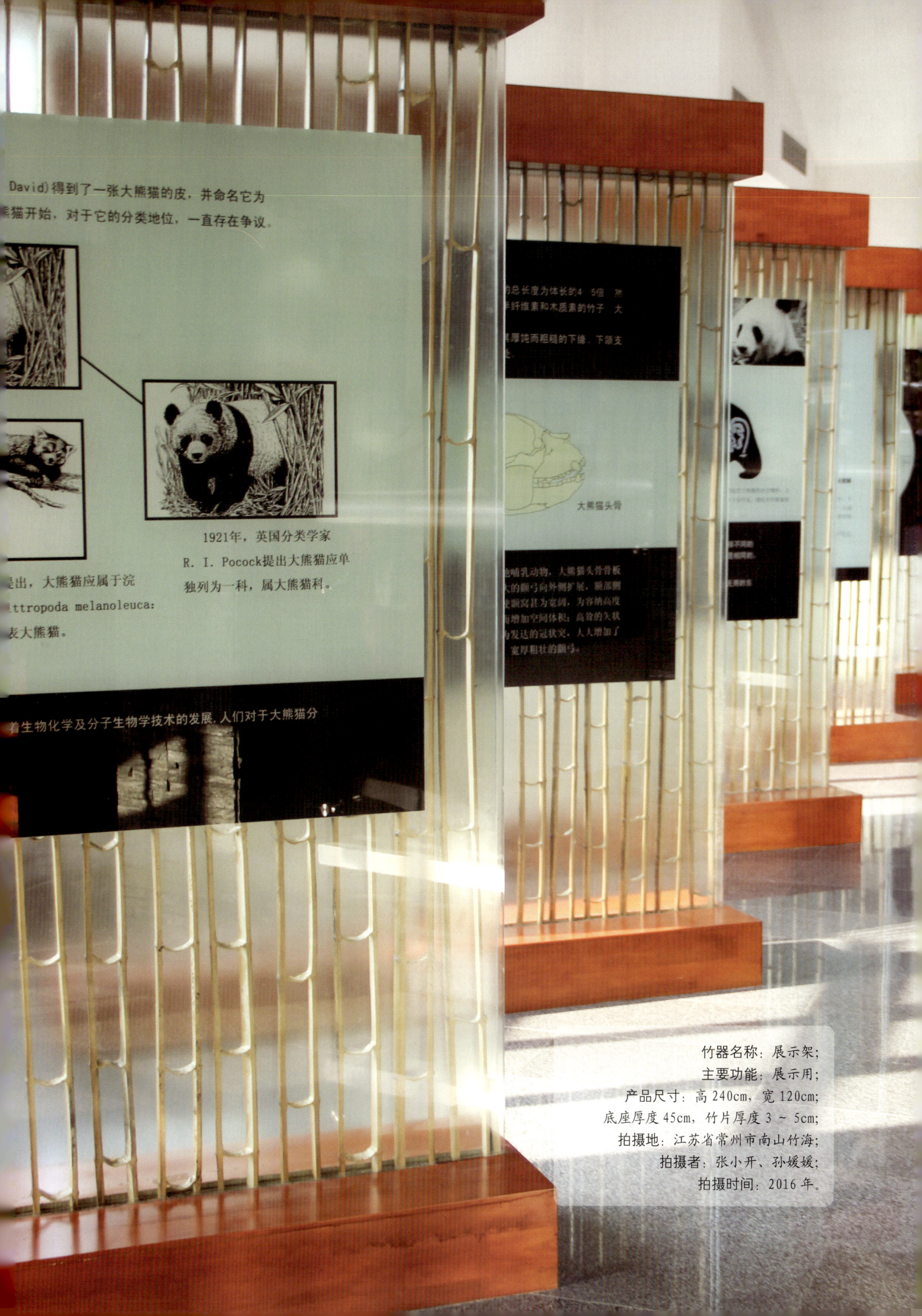

竹器名称：展示架；
主要功能：展示用；
产品尺寸：高 240cm，宽 120cm；
底座厚度 45cm，竹片厚度 3 ~ 5cm；
拍摄地：江苏省常州市南山竹海；
拍摄者：张小开、孙媛媛；
拍摄时间：2016 年。

10.4 装饰类

竹制室内装饰品主要有花器、室内墙面装饰及整体装饰等。可分为点缀类的竹装饰、辅助类的竹装饰和主导性的竹装饰。

营造室内氛围时，采用点缀类的装饰竹材或用竹器制作局部装饰，如采用室内使用的花篮、竹筒花器、墙挂竹编件等。

辅助类的竹装饰是对室内某一面的装饰。其中对正面进行竹材的装饰，一般直接使用竹竿、竹编、竹席等制作里面；用适当的造型变化或小型装饰性竹材、竹器等组合形成装饰面。

主导性装饰比较少见，但在以竹为特色的文化场所、主题馆、旅游点以及餐饮场所往往采用主导性装饰。这一类竹装饰是全面的，以占据室内的大部分或全部空间，主导室内空间的氛围，影响其他设备或设施的选择和使用，如南山竹海中的竹屋、竹展示馆等。还有一类有民族特色的房屋，如有些傣族竹装饰饭店，从内到外全部使用竹材，如竹制的门楼、竹制的室内装饰、竹制的家具、竹制的用具等。这样的竹制室内装饰极具特色，但设计和制作起来也较困难。

主导性竹装饰可以使用竹竿类和竹编类装饰，竹竿类装饰的优点主要是平衡排列的横竖肌理效果符合室内空间“方正”的特点，有利于营造竹空间氛围并节约空间；但缺点是不能做到形态的自由变化。竹编类竹装饰则可以利用竹编工艺的特点，完美地使室内空间融为整体，而且竹编具有良好的自由曲面，可以在室内整体装饰中改变室内空间“方正”形态的特点，形成自由、有机、曲面的室内空间形态。因此，竹编的全装饰室内空间具有完美的竹空间氛围和竹文化特色。

竹器名称：竹筒花器；
主要功能：养花、装饰等；
产品尺寸：高 30 ~ 60cm 不等，直径 10 ~ 15cm；
拍摄地：浙江省安吉县中国竹子博物馆；
拍摄者：张小开、孙媛媛；
拍摄时间：2016 年。

竹器名称：花器摆件；
设计制作：郑美樱等；
主要功能：陈设、装饰；
产品尺寸：高20～50cm不等；

拍摄地：台湾省台北市；
图片来源：不详；
拍摄时间：2016。

10.5 竹架类

竹架是指由竹竿、大竹片等制作而成的竹制结构或框架。这一类竹架既可以制作简单的展示功能产品，也可以制作有实用价值的工具，如竹架可以搭建室内的竹廊、通道等，用作室内长椅、室内搁物架等。

竹架类室内竹器尺寸较大，一般可使用竹榫卯结构或直接使用竹绳等捆绑。制作长椅的竹架需要离地 50cm 左右，制作竹制搁物架的竹架基本符合竹架的造型特点，可挂、可平放。

还有一类竹架可以作为室内空间的软分隔，如使用竹架制作的室内屏风、室内隔挡等，可以是轻薄的屏风类隔挡，也可以是较复杂的墙体类双层隔挡形式，但基本上都带有镂空和空洞。

竹器名称：多功能竹架；
主要功能：植物支架、室内走廊与座椅；
产品尺寸：高约 300cm，座椅长 600cm，
椅面深 45cm，椅背高 55cm；

拍摄地：天津市；
拍摄者：张小开、孙媛媛；
拍摄时间：2014 年。

10.6 竹屋类

竹屋是竹器的建筑形式之一，是使用竹材制作的小屋，并不是整套房屋。竹屋是单体类的竹制小屋，四面围合且有顶。这一类竹屋没有特定的居住功能，而是有特定功能性的空间，如做展示、售货、旅游等特色项目用。

竹屋的体积较小，墙面使用较大的竹竿围合而成，屋顶使用竹竿制作框架，上覆竹瓦。所谓竹瓦，就是半片去掉节的竹筒，通过半片竹筒的上下耦合，覆盖屋顶，其功能和结构与传统的瓦片类似。

竹屋全部使用竹材制作，竹门是使用竹竿制作框架，再使用竹竿、竹片或竹席等填充框架，形成全竹制作的门。竹窗基本上使用同样的方法，但竹窗可以另外附加竹帘以增加竹屋使用效果。

竹器名称：竹屋；
主要功能：展示、装饰、售货等；
产品尺寸：高 360cm，宽 360cm；

拍摄地：浙江省安吉县中国竹子博物馆；
拍摄者：张小开；
拍摄时间：2007 年。

竹器名称：竹门；
主要功能：出入、装饰等；
产品尺寸：高 210cm，宽 90cm；
拍摄地：浙江省安吉县中国竹子博物馆；
拍摄者：张小开；
拍摄时间：2007 年。

10.7 竹建筑类

竹建筑自古以来就被运用于居住及其他生活中的各个领域，如作为亭子、作为观景台、作为廊道等。现代住宅建筑，从地基到框架结构，从框架系统到屋面桁架，从地板到家具再到外部覆层和室内装饰及橱柜，都可以使用竹材。还可以将竹子加工成墙板、梁、柱、楼板、屋架等各种构件。

竹制建筑有临时性竹制建筑和永久性竹制建筑。如2010年上海世博会中的“德中同行之家”为临时性竹制建筑。永久性竹建筑需要考虑使用耐久性等，如云南的少数民族竹楼（如傣族竹楼、阿昌族竹楼等）、现代的新式竹建筑等，都是采用竹材制作可以长期居住的竹建筑。

傣族竹楼是傣族特有的建筑。它是一种干栏式建筑，主要用竹子建造，因而称为“竹楼”。下层高约七八尺，四周无遮拦，牛马拴于柱上。上层近梯处有一露台，进入内部为长形大房，用竹篱隔出主人卧室兼重要钱物存储处，其余为一大敞间。屋顶不高，两边倾斜，屋檐及于楼板，一般无窗。若屋檐稍高则两侧开有小窗，后面开一门，楼中央是一个火塘。屋顶用茅草铺盖，梁柱、门窗、楼板全部用竹材制成。粗竹子做房子的骨架，竹编篾子做墙体，楼板或用竹篾或用木板，屋顶铺草或竹瓦，主柱有24条。竹楼用料简单，建造简易，只需伐大竹，约邻里相帮，数日间便成；但易腐，每年雨季后须修补。

长期使用的现代竹建筑一般采用现代工艺，或者采用内置钢混结构，墙体、屋顶及部分骨架等使用竹材。还有一种使用竹集成材制作的竹建筑，其建筑形式和现代钢混结构类似，制作工艺也相近。

竹器名称：德中同行之家（一）；
主要功能：展示、装饰；
拍摄地：上海市；
拍摄者：张小开；
拍摄时间：2010年。

竹器名称：德中同行之家（二）；
主要功能：展示、装饰；
拍摄地：上海市；
拍摄者：张小开；
拍摄时间：2010 年。

竹器名称：竹展厅；
主要功能：展览、展示、装饰等；
拍摄地：浙江省安吉县中国竹子博物馆；
拍摄者：张小开、孙媛媛；
拍摄时间：2016 年。

竹器名称：杭州唐宫海鲜舫室内竹设计；
主要功能：室内空间分割、装饰；
设计师：张永和；
建筑面积：2460 平方米；

拍摄地：浙江省杭州市；
拍摄者：不详；
图片来源：http://www.sj33.cn/（设计之家）；
拍摄时间：2011 年。

竹器名称：（下图）竹门楼；（下图）傣族竹楼；
主要功能：居住；
拍摄地：四川省宜宾市、云南西双版纳；
拍摄者：（上图）张小开、（下图）引自张齐生著《中国竹工艺》；
拍摄时间：（上图）2014年，（下图）不详。

竹器名称：竹屋——扬州市施桥花园竹院茶室（一）；
主要功能：居住、景观、装饰等；
建筑面积：400 m²；
建筑公司：Harmony World Consulting & Design；
设计师团队：Shi Jun, Peter Dykes, Zhang QianQian；
拍摄地：江苏省扬州市；
拍摄者：T+E视觉建筑摄影工作室；
拍摄时间：2012年。

竹器名称：竹屋——扬州市施桥花园竹院茶室（一）；
主要功能：居住、景观、装饰等；
建筑面积：400 m²；
建筑公司：Harmony World Consulting & Design；
设计师团队：Shi Jun, Peter Dykes, Zhang QianQian；
拍摄地：江苏省扬州市；
拍摄者：T+E 视觉建筑摄影工作室；
拍摄时间：2012 年。

第11章 竹制景观与户外产品

竹制景观是指使用竹材制作的与景观环境有关的各种形式竹器设施，包括小型的景观小品、景观设施、景观雕塑、公共艺术以及大型的竹篱笆墙、竹廊、竹亭等景观类公共环境设施。这类竹制景观能增加环境的功能和审美特性。如竹制的景观设施、篱笆墙、竹廊、竹亭等能丰富和完善环境中的各项功能，增加环境的可使用性；竹制的景观小品、雕塑和公共艺术等可丰富环境中的审美要素。

序　号	类　别	包 含 种 类
1	雕塑类	大型竹竿类雕塑、竹编雕塑等。
2	小品类	各式景观小品、流水器、户外装置、户外景观工具等。
3	设施类	垃圾桶、户外信息牌、候车站、景观竹笼、火把等。
4	篱笆类	竹竿类篱笆墙、竹编类篱笆墙、竹枝类篱笆墙、竹片类篱笆墙、组合式篱笆墙等。
5	竹廊类	各式竹廊。
6	竹亭类	竹亭、售货亭等。

11.1 雕塑类

雕塑指为美化城市或用于纪念而塑造的，具有某种寓意、象征或象形的观赏物和纪念物。雕塑涉及公共艺术和公共空间。公共艺术指公共开放空间中的艺术创作与相应的环境设计。具有开放、公开特质、由公众自由参与和认同的公共性空间则被称为公共空间。

竹制雕塑或竹制公共艺术是指使用竹材制作的雕塑作品或竹制公共艺术作品。这一类竹制品在户外，竹雕塑或公共艺术需要考虑其在公共空间中的整体形象和材料要求。这类作品需要经过防腐、防水、防晒等技术处理，而且需要定期维护。

竹制雕塑使用竹竿制作雕塑的骨架，部分雕塑甚至全部使用竹竿制作，巧妙利用竹竿、竹筒长短不同的组合形成丰富的造型。在竹竿骨架的基础上再使用竹片、竹编等工艺，进一步细化和丰富雕塑细节。不同大小网孔的竹编以及不同粗细竹篾的竹编能够形成丰富的造型语言，细化竹制雕塑的更细部造型。传统的竹制雕塑有动植物和人物形象等，现代新型竹制雕塑则主要倾向于竹制公共艺术作品，注重竹制的装置艺术和竹制户外装置的交互性等特点。

竹制雕塑作品主要有竹竿类、竹编类、组合类等类型，其中竹编类的竹雕塑作品表现力最强。竹制雕塑等户外竹制品需要良好的维护，否则很难长期保存。

竹器名称：竹景观；
主要功能：景观装饰、美化环境等；
产品尺寸：整体高约 700cm，宽 400cm，长 600cm；

拍摄地：浙江省安吉县中国竹子博物馆；
拍摄者：张小开、孙媛媛；
拍摄时间：2016 年。

竹器名称：竹景观；
主要功能：景观装饰；
产品尺寸：高 300 ~ 350cm；直径 8 ~ 10cm；

拍摄地：台湾省南投县；
图片来源：http://bamboont.blogspot.dk；
拍摄时间：2011 年。

竹器名称：竹景观；
主要功能：景观装饰；
产品尺寸：高 550cm；直径 180cm；
拍摄地：台湾省南投县；
图片来源：http://bamboont.blogspot.dk/；
拍摄时间：2011 年。

竹器名称：竹景观；
主要功能：景观装饰；
产品尺寸：不详；
拍摄地：台湾省南投县竹文化园区；
图片来源：http://grace5228.pixnet.net/blog/；
拍摄时间：2014 年。

竹器名称：竹景观；
主要功能：景观装饰；
产品尺寸：不详；
拍摄地：台湾省南投县竹文化园区；
图片来源：http://grace5228.pixnet.net/blog/；
拍摄时间：2014 年。

竹器名称：竹编雕塑；
主要功能：景观装饰等；
产品尺寸：（上图）高700cm，长700cm，宽400cm；（下图）高140cm，长200cm，宽100cm；
拍摄地：浙江省安吉县中国竹子博物馆；
拍摄者：张小开、孙媛媛；
拍摄时间：（上图）2007年；（下图）2016年。

11.2 小品类

景观小品是景观中的点睛之笔，体量较小、色彩单纯，对空间起点缀作用。景观小品既具有实用功能，又具有精神功能。竹制的景观小品有竹制流水器、花器、户外装置等。

（1）竹制流水器

竹制流水器是使用竹竿、竹筒制作的室内外流水装置，用来丰富和活跃室内外空间。在室外，竹制流水器一般设置在庭院或公园，竹筒具有天然的管道特性，制作流水器较为合适。用一个高竹竿做竖向支柱，内通水管，再从竹竿顶端将水引出，一层层的搭建竹竿和竹筒，以此形成错综复杂的水流路线。

（2）竹制景观花器

户外竹制花器同室内花器有一定的区别，室内花器若注意保养能使用较长时间，但户外竹制花器使用寿命也相对较短。户外的竹制花器一般不做特别的防护处理，竹制花器风吹雨打会褪色，而褪色的竹花器反而能更加衬托花的美丽，这种强烈的对比效果，体现了户外竹制花器质朴的特点。

竹器名称：水舀；
主要功能：舀水用；
产品尺寸：直径 10 ~ 15cm，柄长 50cm；
拍摄地：浙江省嵊州市；
拍摄者：不详；
图片来源：https://tuzhu.taobao.com;
拍摄时间：2016 年。

竹器名称：户外花器；
主要功能：景观装饰、养花等；
产品尺寸：高 10 ~ 45cm，直径 10 ~ 15cm；
拍摄地：浙江省嵊州市；
拍摄者：不详；
图片来源：https://tuzhu.taobao.com;
拍摄时间：2016 年。

竹器名称：流水器；
主要功能：景观装饰等；
产品尺寸：高 40 ~ 140cm，直径 10 ~ 15cm；
拍摄地：浙江省嵊州市；
拍摄者：不详；
图片来源：https://tuzhu.taobao.com;
拍摄时间：2016 年。

11.3 设施类

还有一类景观设施类的竹制产品，这类竹制设施与竹制景观小品有一定的重合，主要有垃圾桶、户外信息牌、候车厅、景观竹笼、火把等。

(1) 垃圾桶

常见户外竹制垃圾桶有竹竿或竹片制作的带遮雨棚的垃圾桶、竹编保护内胆的竹编垃圾桶等。竹竿或竹片制作的垃圾桶经久耐用，竹编保护内胆的垃圾桶寿命取决于竹编的使用时间，一般使用寿命不长，但其制作方便，成本低廉，而且竹材是自然可降解材料，不会破坏环境。

(2) 户外信息牌

户外竹制信息牌和室内的不一样，室内竹制信息牌不用考虑竹材的自然损坏问题，但户外的信息牌对竹材的防水、防腐、防晒等要求比较高。因此户外信息牌使用经过特殊处理的竹竿制作骨架，使用小竹竿、竹片等制作信息牌面，但也有使用玻璃、金属等制作信息牌面的。

另外，使用重组竹竹板制作的户外产品可以有效防水防晒。随着重组竹型材的普及，这一类竹材可以在户外各类产品中推广使用。

(3) 候车站

竹制候车站比较少见，只有在部分竹产区的特色文化景点、旅游场所才能见到有竹材特色的候车站。竹制候车站是大型的竹制户外设施，可以达到3米以上。这一类设施一般使用竹竿类竹材制作，但也有使用竹竿做骨架，用竹编做候车厅内的装饰。

(4) 景观竹笼

四川省都江堰市有一种竹笼，它使用都江堰防洪竹材制作而成，用来做景观花台和道路分界线，因而称为景观竹笼。这种竹笼采用大孔竹编，内置鹅卵石，因其外形很有特色，因而也被使用到景观设施上。

(5) 竹火把

竹火把是景观设施类竹器。竹制火把使用竹竿制作。把竹竿一头切分成6～8片竹片，然后将带有燃料和灯芯的火罐放入竹片中，再将竹片外围捆紧，便成为竹火把。

竹器名称：垃圾桶；
主要功能：存放垃圾等；
产品尺寸：（上图）高 120cm，长 60cm，宽 45cm；
（下图）高 60cm，长 35cm，宽 35cm；

拍摄地：浙江省安吉县中国竹子博物馆；
拍摄者：张小开；
拍摄时间：2007 年。

竹器名称：户外信息牌；
主要功能：发布户外信息等；
产品尺寸：（左图）高 120cm，宽 60cm；（右图）高 150cm，宽 90cm；
拍摄地：浙江省安吉县中国竹子博物馆；
拍摄者：张小开；
拍摄时间：2007 年。

竹器名称：防洪竹笼；
主要功能：装上石头围坝防洪等；
产品尺寸：长度可变，直径约 30 ~ 40cm；

拍摄地：四川省都江堰市；
拍摄者：张小开、孙媛媛；
拍摄时间：2014 年。

竹器名称：景观竹笼；
主要功能：隔离作用；
产品尺寸：长度可变，直径约 10 ~ 40cm；
拍摄地：四川省都江堰市；
拍摄者：张小开、孙媛媛；
拍摄时间：2014 年。

竹器名称：垃圾桶；
主要功能：存放垃圾等；
产品尺寸：单桶高 55cm，长 40cm，宽 30cm；

拍摄地：云南省丽江市；
拍摄者：张小开；
拍摄时间：2004 年。

竹器名称：展示墙及景观小品；
主要功能：展示、景观装饰等；
产品尺寸：墙高 300cm，长 800cm；

拍摄地：浙江省安吉县；
拍摄者：张小开；
拍摄时间：2007 年。

竹器名称：候车站；
主要功能：用于园区候车；
产品尺寸：总高约400cm，宽约300cm；
拍摄地：浙江省安吉县中国竹子博物馆；
拍摄者：唐国庆、吴雪妍；
拍摄时间：2014年。

11.4 篱笆类

目前我国发现最早的竹制篱笆是出土于新石器时期的浙江毗山遗址中的大型竹篱笆，距今有近4000年的历史。竹篱笆种类丰富，从竹材材料上分，竹篱笆有竹竿类、竹编类、竹枝类、竹片类以及组合类等类型。由于不同竹材造型能力不同，因此竹制篱笆在表现形态上也十分丰富，既可以做到疏密相间，又可以做到方圆相容。

（1）竹竿类篱笆

竹竿类竹篱笆使用或粗或细的竹竿制作，既可以竖向平行排列，也可以采用方形框架结构，还可以使用菱形结构的交叉排列。对交叉排列的竹竿可使用竹绳或现代材料捆绑竹竿之间的交叉节点以固定篱笆。

（2）竹编类篱笆

竹编类篱笆先使用竹竿制作成篱笆的框架，再使用编织好的带孔竹编固定在竹竿框架之间，为了保证篱笆牢固，可以使用多层的竹编夹在竹制框架之间，还可以使用竹席或芦苇席等固定在有孔竹编的中间使其成为密封式竹篱笆。

（3）竹枝类篱笆

竹枝类篱笆有两种常见的形式：一种是完全用竹枝制作的篱笆，另一种是竹枝和墙基的组合形式。完全用竹枝制作的竹篱笆是采用较大竹枝细密排列，枝头朝上，竹枝相对散乱，制成的篱笆墙让人不容易翻过。这种使用长竹枝细密排列制作的篱笆墙较为简单，墙体细密。

另一种竹枝篱笆是在墙头使用小的竹枝进行装饰和保护。这种竹篱笆是选用长度在40～50cm左右的小竹枝，分左右呈人字形铺在墙上，铺上竹枝的墙头造型自然、有趣，而且竹枝还能有效地保护墙基不受雨水的冲刷。

（4）竹片类篱笆

竹片类篱笆是使用竹片组成的篱笆墙，其制作原理和竹竿类篱笆墙一致。但有其自身的特点，可以利用竹片的弯曲性设计制作成带有弯曲造型的稀疏隔离带，使用恰当的话，不仅可实现一定的功能，而且还具有较好的美感。

（5）组合类篱笆

组合类篱笆分为两类：一类是各种不同竹材的组合及其不同形态的组合，如竹竿和竹编、竹席的组合，竹竿和竹片、竹枝的组合，等等。还有一种是竹材和其他材料部件的组合，如竹材和金属材料的组合、竹材和木材的组合、竹材和玻璃的组合、竹材和砖石的组合，等等。由于各种材料具有不同的特点和审美特征，因此，使用竹材和不同的材料组合制作的篱笆，可产生丰富的造型和纹理。特别是竹材同金属和玻璃的组合，表现了现代篱笆墙的特色。

竹器名称：竹枝墙；
主要功能：景观装饰、防雨等；
产品尺寸：竹枝长度约 50cm；
拍摄地：浙江省安吉县中国竹子博物馆；
拍摄者：张小开、孙媛媛；
拍摄时间：2016 年。

竹器名称：竹墙；
主要功能：景观装饰、分隔空间等；
产品尺寸：长 500cm，高 240cm，宽 30cm；
拍摄地：浙江省安吉县中国竹子博物馆；
拍摄者：张小开、孙媛媛；
拍摄时间：2016 年。

竹器名称：竹墙；
主要功能：景观装饰、分隔空间等；
产品尺寸：长 150cm，高 240cm，宽 50cm；
拍摄地：浙江省安吉县中国竹子博物馆；
拍摄者：张小开、孙媛媛；
拍摄时间：2016 年。

竹器名称：竹栏杆；
主要功能：保护、景观装饰等；
产品尺寸：（上图）单块长 150cm，高 60cm；
（下图）长 200cm，高 40cm；

拍摄地：浙江省安吉县中国竹子博物馆；
拍摄者：张小开、孙媛媛；
拍摄时间：2016 年。

竹器名称：竹篱笆；

主要功能：景观装饰、分隔空间等；

产品尺寸：（上图）高 250cm；（下图）高 80cm；

拍摄地：浙江省舟山市普陀山；

拍摄者：张小开、孙媛媛；

拍摄时间：2016 年。

名称：竹篱笆；
主要功能：景观装饰、分隔空间等；
产品尺寸：单元长 150cm，高 200cm；
拍摄地：浙江省舟山市普陀山；
拍摄：张小开、孙媛媛；
拍摄时间：2016 年。

竹器名称：竹篱笆；
主要功能：景观装饰、分隔空间等；
产品尺寸：高 30cm；
拍摄地：浙江省舟山市普陀山；
拍摄者：张小开、孙媛媛；
拍摄时间：2016 年。

竹器名称：竹篱笆；
主要功能：景观装饰、分隔空间等；
产品尺寸：单元长 100cm，高 40cm；
拍摄地：浙江省绍兴市东湖；
拍摄者：张小开、孙媛媛；
拍摄时间：2016 年。

竹器名称：竹篱笆；
主要功能：景观装饰、分隔空间等；
产品尺寸：单元长 160cm，高 80cm；

拍摄地：浙江省安吉县中国竹子博物馆；
拍摄者：张小开；
拍摄时间：2007 年。

竹器名称：竹篱笆；
主要功能：景观装饰、分隔空间等；
产品尺寸：高 240cm；
拍摄地：福建省福州市；
拍摄者：张小开、孙媛媛；
拍摄时间：2006 年。

竹器名称：竹篱笆；
主要功能：景观装饰、分隔空间等；
产品尺寸：高 240cm；
制作人：吴樵炼；

拍摄地：台湾省南投县；
拍摄：不详；
图片来源：《台湾工艺－竹工艺专辑》；
拍摄时间：2005 年。

竹器名称：竹篱笆；
主要功能：景观装饰、分隔空间等；
产品尺寸：高 240cm；
制作人：（上图）沈万益；（下图）王明瑜；

拍摄地：台湾省南投县；
拍摄者：不详；
图片来源：《台湾工艺－竹工艺专辑》；
拍摄时间：2005 年。

竹器名称：竹篱笆；
主要功能：景观装饰、分隔空间等；
产品尺寸：高 240cm；
制作人：（上图）赖进益 ，（下图）林安泽；

拍摄地：台湾省南投县；
拍摄者：不详；
图片来源：《台湾工艺－竹工艺专辑》；
拍摄时间：2005 年。

竹器名称：竹篱笆；
主要功能：景观装饰、分隔空间等；
产品尺寸：高 240cm；
制作人：（上图）陈庆来，（下图）刘昭明；
拍摄地：台湾省南投县；
拍摄者：不详；
图片来源：《台湾工艺－竹工艺专辑》；
拍摄时间：2005 年。

11.5 竹亭类

唐代已经用竹作凉亭，诗人独孤《卢郎中寻阳竹亭记》中记载："伐竹为亭，其高，出于林表。"竹亭是由竹子搭建而成的亭子，一般为敞开式结构，有单层也有双层，造型多样，自然美观。由于竹不耐久，留存时间短，所以遗留下来的竹亭极少。现在的竹亭多绑扎并辅以钉、铆，而有些竹亭，梁、柱等构件仍用木材，外包竹片，仿竹形，其坐凳、椽、瓦等则全部用竹制作，既坚固，又便于修护。

传统竹亭制作方法与竹屋、竹廊等相似。

传统竹亭一般用于休憩或纳凉；现代竹亭还有一种用途就是当作售货亭，特别是在一些景区，竹制的售货亭是景区的一大特色。竹制售货亭一般由全竹制作，有简单和复杂等不同形式。一种是在室内或晴天室外使用的开放式竹制售货亭，一种是户外使用的围合式售货亭。造型复杂度不一样，但制作思路和手法基本一致。

竹器名称：售货亭；
主要功能：商店；
产品尺寸：高 350cm，长 200cm，宽 150cm；

拍摄地：四川省都江堰市；
拍摄者：张小开、孙媛媛；
拍摄时间：2014 年。

11.6 竹廊类

竹廊是指用竹子为主要支撑体的独立有顶的通道或屋檐下的过道，具有遮阳、防雨、供人小憩、观赏等功能。竹廊既是竹建筑的组成部分，也是构成建筑外观和划分空间格局的重要手段。

竹廊一般使用大竹竿制作框架。作为建筑走廊的一部分，竹架还可以作为虚空间的竹廊。制作细致一点的竹廊可以加顶，顶可用竹竿、竹席、竹瓦等制作，以此避雨遮阳。还可以在竹廊两边设置座椅，座椅可利用竹架或单独制作。

在贵州、广西、云南等地，还有了一种“廊桥”，就是在河面上建设竹廊。这种竹廊有顶、有围栏，制作比较精细。

竹器名称：竹廊；
主要功能：景观装饰、遮阳防雨等；
产品尺寸：高 600cm，宽 600cm，长度 3000cm；
拍摄地：浙江省安吉县中国竹子博物馆；
拍摄者：张小开、孙媛媛；
拍摄时间：2016 年。

竹器名称：竹廊；
主要功能：景观装饰、遮阳等；
产品尺寸：高 350cm，长 1200cm，宽 450cm；

拍摄地：浙江省安吉县中国竹子博物馆；
拍摄者：张小开、孙媛媛；
拍摄时间：2016 年。

鸣　谢

作者在写作本丛书过程中，先后得到以下协作单位、指导专家和热心人士提供的不同形式的帮助，在此谨向他们表示衷心的感谢！

协作单位（排名不分先后）：

中国竹子博物馆
蜀南竹海博物馆
南山竹海竹文化园
北京故宫博物院
台北故宫博物院
南京博物院
湖北省博物馆
贵州民族博物馆
湖南省博物馆
荆州博物馆
信阳博物馆
铜绿山铜矿遗址博物馆
瑞昌博物馆
四川省博物馆
南投县竹山文化园
南投县竹艺博物馆
中国竹艺城
上海竹产业博览会
中华民族园
云南民族村
丽江木府民俗馆
林芝八一镇尼洋阁
《竹子学报》杂志社
江南大学设计学院
江南大学设计科学与文化研究所
福建农林大学
南京林业大学
上海金融学院
天津城建大学
天津市城市艺术研究会
丹麦 VIA 大学学院
竹器图片被本书收录的竹器厂家
竹器图片被本书收录的竹器店

指导专家（排名不分先后）：

张福昌（江南大学）

过伟敏（江南大学）

李亮之（上海金融学院）

吴智慧（南京林业大学）

张清萍（南京林业大学）

董建文（福建农林大学）

吴良如（国家林业局竹子研究开发中心）

寻胜兰（江南大学）

王安霞（江南大学）

张　焘（江南大学）

李世国（江南大学）

尚金凯（天津城建大学）

Jan Uwe Wolff（丹麦 VIA 大学学院）

Torben Lundberg（丹麦 VIA 大学学院）

汤礼广（合肥工业大学出版社）

张秋玲（清华大学出版社）

孙学瑞（天津市政协）

牟　跃（天津师范大学）

热心人士（排名不分先后）：

黄映镭（无锡）

黄　河（广州）

张　迅（美国西雅图）

沈卓娅（广州）

张寒凝（无锡）

王庆斌（郑州）

沈　法（宁波）

李凌虹（苏州）

许继峰（南京）

植田宪（日本千叶）

赵英玉（日本神户）

陈立萍（宁波）

郭洪刚（天津）

华亦雄（苏州）

王　珊（青岛）

许衍凤（烟台）

赵熙斌（北京）

刘婷玉（六盘水）

张嘉诚（遵义）

皮永生（重庆）

陈　晨（天津）

蒋　兰（沈阳）

葛亚平（驻马店）

岳　婷（德宏）

唐　蓉（荆门）

吴　淼（焦作）

张宗登（株洲）

傅儒牛（天津）

张嘉琪（天津）

陆冀宁（重庆）

郭　菲（成都）

刘传兵（深圳）

陈庆军（上海）

吴振韩（南京）

顾媛媛（南京）

高锐涛（广州）

冯　鸣（大连）

李　鹏（南京）

任新宇（南京）

张　雯（苏州）

蒋　励（苏州）

吕太锋（青岛）

邵　丹（大连）

李巨韬（天津）

兰　娟（天津）

任文永（宁波）
郑　翔（武夷山）
巫远福（无锡）
丁荣纯（黄山）
夏柱仁（黄山）
夏　玲（合肥）
傅启华（建瓯）
何继新（天津）
殷陈君（天津）
王　璞（天津）
郑志恒（天津）
黄　迪（天津）
晋海燕（天津）

吴雪妍（青岛）
唐国庆（青岛）
张　月（天津）
赵　值（杭州）
孙　振（合肥）
李　娟（合肥）
王　磊（合肥）
孙婷婷（合肥）
孙冠荣（南京）
张　刚（南京）
董春华（天津）
王　珊（天津）
赵　丽（石家庄）

杨婧艺（杭州）
尹沛祯（天津）
张文静（天津）
张　希（天津）
赵宇耀（天津）
刘　薇（天津）
万　源（天津）
李诗楠（天津）
张乐乐（天津）
倪晓雨（天津）
王　娜（天津）